EXPLICANDO
O APOCALIPSE

FRANCISCO ALBERTIN

EXPLICANDO O APOCALIPSE

EDITORA
SANTUÁRIO

Direção editorial:
Pe. Marcelo C. Araújo, C.Ss.R.

Coordenação editorial:
Ana Lúcia de Castro Leite

Copidesque:
Ana Lúcia de Castro Leite

Revisão:
Luana Galvão

Diagramação:
Junior dos Santos

Capa:
Sidney S. G. Santos

Dados Internacionais de Catalogação na Publicação (CIP)
(Câmara Brasileira do Livro, SP, Brasil)

Albertin, Francisco
Explicando o Apocalipse / Francisco Albertin. – Aparecida, SP: Editora Santuário, 2013.

ISBN 978-85-369-0319-4
1. Bíblia N.T. Apocalipse – Crítica e interpretação 2. Revelação I. Título.

13-08106   CDD-228.06

Índices para catálogo sistemático:

1. Apocalipse: Interpretação e crítica
228.06

4ª impressão

Todos os direitos reservados à **EDITORA SANTUÁRIO** – 2019

Rua Pe. Claro Monteiro, 342 – 12570-000 – Aparecida-SP
Tel.: 12 3104-2000 – Televendas: 0800 - 16 00 04
www.editorasantuario.com.br
vendas@editorasantuario.com.br

INTRODUÇÃO

Para muitas pessoas, o livro do Apocalipse é misterioso, cheio de visões, sonhos, símbolos, números, figuras estranhas e acontecimentos difíceis de entender, e contém códigos e enigmas que têm a ver com o passado, presente e, principalmente, com o futuro.

Se você andar ou dirigir um carro quando estiver com muita neblina, mesmo sendo durante o dia, com certeza verá tudo de modo confuso, pois a neblina não permite uma visão nítida.

Mesmo durante o dia e em plena claridade, se vir uma pessoa com o rosto encoberto com um véu, você não conseguirá enxergar, com nitidez, o rosto dessa pessoa, pois o véu deixa-o obscuro e esconde-o. Então, aqui entra um dos segredos do Apocalipse, palavra de origem grega: *apokalipsis*, que significa tirar o véu, revelar, mostrar com nitidez aquilo que de fato é.

A primeira frase do livro do Apocalipse é: "Esta é a **revelação** de Jesus Cristo: Deus a concedeu a Jesus, para Ele mostrar a seus servos as coisas que devem acontecer muito em breve. Deus enviou a seu servo João o Anjo, que lhe mostrou estas coisas através de sinais" (Ap 1,1).

A revelação do anjo a João vem por meio de sinais, em que se geram as visões. Para entender as visões que uns consideram "estranhas e esquisitas", faz-se necessário *tirar o véu,* ou seja, revelar e enxergar, com clareza, aquilo que de fato é e significa. Para isso, não podemos entendê-las como se fossem visões físicas e que foram escritas de modo literal. Visões são visões e supõem uma experiência de fé, que só serão compreendidas a partir do coração, da imaginação, da mística, da fé e da esperança que se faz presente na caminhada de um povo rumo à verdadeira libertação e na fidelidade à Palavra de Deus.

Quem já leu o livro do Apocalipse sabe que tudo gira em torno das visões e estas são uma das chaves para entender esse importante livro da Bíblia.

A outra chave é: "Feliz aquele que lê e aqueles que escutam as palavras desta profecia, se praticarem o que nela está escrito" (Ap 1,3).

O Apocalipse tem tudo a ver com profecia, e profeta, no Antigo Testamento, é o homem ou a mulher da palavra e também da visão. É a Palavra de Deus, revelada em visões, que incentiva o povo a vencer as perseguições, as dificuldades, as crises de fé e até o grande dragão, que simbolizava toda a força do mal e o Império Romano, que foi a época em que o Apocalipse foi escrito. Profeta é aquele que anuncia a Palavra de Deus, incentiva o povo a se manter firme na fé e denuncia toda e qualquer injustiça. Ocorre que o autor do Apocalipse não podia dizer isso abertamente senão ele e as comunidades cristãs sofreriam as consequências de tamanha ousadia. Assim sendo, resolveu usar a linguagem apocalíptica, ou de gênero apocalíptico. Mas quem foi o autor do Apocalipse?

1. O autor do Apocalipse

Diante de um livro considerado misterioso, difícil de entender, cheio de visões e símbolos e com uma linguagem estranha e muito diferente da nossa, bem como da de outros livros da Bíblia – com exceção da linguagem do livro de Daniel, que suscita tantas dúvidas, debates, interpretações, e gera, às vezes, em algumas pessoas, o medo, e em outras pessoas, a esperança –, surge uma pergunta: Quem escreveu o livro do Apocalipse?

O autor se apresenta: "Eu, João, irmão e companheiro de vocês neste tempo de tribulação, na realeza e na perseverança em Jesus, eu estava exilado na ilha de Patmos, por causa da Palavra de Deus e do testemunho de Jesus" (Ap 1,9).

Temos também, logo na abertura, que Deus enviou a seu servo João o Anjo (1,1); Ele dirige-se às sete igrejas (1,4) e é pedido a ele que "escreva num livro tudo o que está vendo" (1,11). "Eu, João, fui ouvinte e testemunha ocular dessas coisas" (22,8). Diante de tudo isso fica fácil dizer que o autor do Apocalipse é João, mas não é bem assim.

A pergunta é: qual João? O discípulo de Jesus Cristo? O autor do Evangelho de João? Ou outro João?

O autor dá uma dica de quem ele é: "Eu, João, irmão e companheiro de vocês neste tempo de tribulação" (1,9). Se essa afirmação estiver correta, trata-se de alguém que viveu por volta dos anos 90 e, portanto, é descartada a hipótese de haver sido o discípulo ou apóstolo de Jesus, no caso, o João, irmão de Tiago e filho de Zebedeu (Mc 1,19-20), uma vez que, por volta dos anos 90, ao que tudo indica, todos os discípulos de Jesus já haviam morrido. Isso fica mais claro quando o autor afirma no que se refere à visão da Nova Jerusalém: "A muralha da cidade tem doze pilares. E nos pilares está escrito o nome dos doze apóstolos do Cordeiro" (22,14). Em momento algum, o autor refere-se a Jesus Cristo como se houvesse sido um de seus discípulos.

Seja como for, o autor do Apocalipse conhecia muito bem as escrituras, ou seja, o Antigo Testamento, motivo que leva muitos a pensar que ele era judeu e se tornou cristão. Provavelmente, era uma pessoa que coordenava ou conhecia muito bem as comunidades cristãs e, por trás de um livro bíblico, há também a contribuição de toda uma comunidade. Isso fica evidente nas cartas dirigidas às sete comunidades (2–3). Não é descartada a hipótese desse autor ter sido da comunidade joanina, devido a seu estilo de escrever e argumentar. Por outro lado, era comum, nessa época, escrever e atribuir seus escritos à autoria de alguém muito conhecido e de autoridade, que chamamos de *pseudônimo*. Nesse caso, o autor do Apocalipse quis homenagear o Apóstolo João, muito conhecido e respeitado, principalmente na região da Ásia Menor. Há também a possibilidade de haver sido escrito por um João que, na época, era um nome muito comum. Mas o importante não é o autor, e sim a obra e, acima de tudo, a Palavra de Deus nela escrita. Seja como e quem for o autor do Apocalipse, vamos chamá-lo, nesta obra, de João, que o escreveu, possivelmente, em algum lugar da Ásia Menor, sendo que uns até pensam ter sido em Éfeso, por volta do ano 95.

2. A literatura apocalíptica e o gênero apocalíptico

Muitas pessoas que já têm certo conhecimento da Bíblia ou já fizeram cursos ou estudos bíblicos, e até pessoas que têm uma caminhada de fé, acham o Apocalipse complicado e difícil de entender. De fato, ele é mesmo. Alguns começam a ler o Apocalipse e logo param, pois se perdem em tantas visões, símbolos e imagens. Dizem que não entenderam nada, que até parece "coisa de louco". Outros sentem medo e acham que já estamos no fim do mundo, previsto nesse livro. Outros ficam acomodados e de braços cruzados, achando que é a vontade de Deus que as coisas estejam do jeito que estão e que, neste mundo, a pessoa tem de sofrer para depois obter a vida eterna e o céu. Ora, o Apocalipse é a Palavra de Deus. Ele traz, em si, uma boa nova, uma esperança, e pede ao povo para lutar contra os opressores; indica o caminho do Cordeiro, que é Jesus, como o único capaz de vencer o Dragão, que simboliza o Império Romano e as forças do mal.

Mas para entender a linguagem apocalíptica e o gênero apocalíptico, temos de voltar um pouco na história, ou seja, entender o momento histórico, o povo, a cultura, a realidade social e perceber por que os autores dos livros apocalípticos sentiram a necessidade de usar a linguagem apocalíptica com tantas visões, imagens, mistérios, números e até enigmas.

Desde a época da monarquia, por volta do ano 1.030 a.C., quando surgiram os reis em Israel, como: Saul, Davi, Salomão e muitos outros, até mais ou menos no ano 586 a.C., quando houve o exílio da Babilônia, em que o povo foi levado como escravo e ficou sem autonomia política, perdido em um país estranho e com um modo de vida e cultura diferentes, foi feita toda uma reflexão para entender a causa de tamanha desgraça e sofrimento. Muitas pessoas sentiram-se abandonadas por Deus, sozinhas, em crise, e perguntavam: "Onde está Deus diante de tudo isso?"

Durante a monarquia, os profetas, como Amós, Miqueias, Isaías, Jeremias e muitos outros anunciavam a Palavra de Deus e denunciavam todo o abuso dos reis e poderosos. O povo sentia neles a presença de Deus; eles, com a Palavra e as visões, criticavam as injustiças e exortavam o povo a se manter firme na fé e na esperança.

Mesmo durante o exílio da Babilônia, de 586-538 a.c., lá estavam os profetas Ezequiel e um anônimo, que chamamos de segundo Isaías (livro de Isaías, capítulos 40–55), e outros que davam ao povo uma mensagem de fé, esperança e consolo. Deus continuava sim ao lado das pessoas que procuravam viver nos ideais da justiça, do amor, da fé e da aliança. O exílio iria passar logo e Deus iria libertar e salvar seu povo novamente, como havia feito no Êxodo com Moisés, libertando o povo da escravidão do Egito.

Tudo começa quando o povo volta do exílio da Babilônia, por volta do ano 538 a.c. Esse povo agora não tem mais autonomia política; mesmo estando em sua terra, tem de pagar pesados impostos aos persas. Muitas pessoas deixaram-se influenciar pela religião dos dominadores, em que existiam os anjos como intermediários entre Deus e os homens e que admitiam que, no mundo, haviam dois princípios absolutos: o bem e o mal. Esse dualismo, juntamente com os anjos, vai influenciar muito e depois dar origem ao movimento apocalíptico, que tanto os judeus, e posteriormente os cristãos, utilizaram como fundamentais em sua visão apocalíptica do mundo.

Durante o domínio dos persas (538-333 a.C.), dos helenistas/gregos (333-63 a.C.), muitas coisas aconteceram, e a força da opressão, exploração, miséria, fome, guerra, medo e injustiças leva o povo simples a constatar que não tem mais profetas, nem reis. Chegou um tempo em que a corrupção era tanta, que, em 174 a.c., Jasão compra para si a função do sumo sacerdote, e dois anos mais tarde, em 172 a.C., é a vez de Menelau "comprar" essa função. Nesse caso, sem profetas, sem reis, sem autonomia política, sem liberdade, agora sem sumo sacerdote, no auge da crise, sem rumo, sem perspectiva de futuro em todos os sentidos, surge a apocalíptica.

O livro de Daniel, no Antigo Testamento, foi escrito por volta de 175-164 a.C., época em que reinava o rei Antíoco IV Epífanes, que impôs a todos os povos sob seu domínio político que seguissem os costumes gregos. Vejamos o que nos diz o primeiro livro dos Macabeus, também escrito na mesma época, sobre um decreto do rei, o qual estabelecia, a todos os povos e aos judeus, várias ordens:

> Tinham de adotar a legislação estrangeira; proibia oferecer holocaustos, sacrifícios e libações no Templo e também guardar os sábados e festas; mandava contaminar o santuário e objetos sagrados, construindo altares, templos e oratórios para os ídolos, e imolar porcos e outros animais impuros; ordenava que não circuncidassem os filhos e que profanassem a si próprios com todo o tipo de impurezas e abominações, esquecendo a Lei e mudando todos os costumes. Quem não obedecia à ordem do rei, incorria em pena de morte (1Mc 1,44-50).

Começa, então, uma luta armada, liderada pelo velho Matatias, por volta do ano 166 a.C., e depois essa rebelião continuou com seus filhos Judas, Jônatas e Simão.

Diante disso, o livro de Daniel pede ao povo para se manter firme na fé e lutar contra o opressor; em seus capítulos 7–12, tem toda uma linguagem apocalíptica com visões, sonhos, símbolos, mostrando que Deus é o Senhor da história e que a vitória dos que fossem fiéis à Lei seria uma questão de tempo.

Rapidamente e de modo bem geral, o livro de Daniel volta ao passado como se seu autor vivesse na época do rei Baltazar, rei da Babilônia, ainda na época do exílio, por volta do ano 550 a.C. Daniel não podia dizer abertamente para o povo combater e lutar contra o opressor da época em linguagem normal e compreensível para todos – Daniel viveu na época dos Macabeus e durante o reinado de Antíoco IV Epífanes, que iniciou seu reinado em 175 a.C. Porém, ele utiliza as imagens e visões, e vai mostrar as várias etapas do plano de Deus, desde a Babilônia até os dias atuais. Com certeza, isso seria força e estímulo para o povo da época entender um pouco da história, sintonizar no tempo presente e sentir a presença de Deus. Vejamos o que Carlos Mesters e Francisco Orofino nos dizem sobre uma das visões de Daniel:

> Nessa "visão noturna" (Dn 7,2) aparecem, um depois do outro, os quatro grandes impérios, todos com aparência de "animais monstruosos": leão com asas de águia

(Império da Babilônia) (Dn 7,4), urso com três costelas entre os dentes (Império dos Medos) (Dn 7,5), onça com quatro asas e quatro cabeças (Império dos Persas) (Dn 7,6), e uma "fera medonha e terrível" (Império dos gregos iniciado com Alexandre Magno) (Dn 7,7-8). Os Impérios têm aparência de animais porque são animalescos, brutais, desumanos.[1]

E você deve estar perguntando: o que essa visão tem a ver com o povo da época e de que maneira levava-o a lutar e resistir contra o opressor? É que, voltando ao passado, fazendo uma leitura da história, o povo, que era inteligente e sabia entender a linguagem apocalíptica, iria perceber que quatro etapas já se haviam passado, ou melhor, a quarta, que estava sendo vivenciada, iria acabar logo, pois o segredo maior estava na quinta etapa, que era o Dia de Javé, quando aparece um Ancião no Trono do Juiz e faz desaparecerem os reinos animalescos, e esses são destruídos (Dn 7,9-12), e Daniel diz:

> Em imagens noturnas, tive esta visão: entre as nuvens do céu vinha alguém como um filho de homem. Chegou até perto do Ancião e foi levado a sua presença. Foi-lhe dado poder, glória e reino, e todos os povos, nações e línguas o serviram. Seu poder é um poder eterno, que nunca lhe será tirado. E seu reino é tal que jamais será destruído (Dn 7,13-14).

---

[1] MESTERS, Carlos; OROFINO, Francisco. *Apocalipse de São João*. A teimosia da fé dos pequenos. Petrópolis: Vozes, 2003. p. 62.

Introdução

Só Deus é o Senhor da História e tem o poder sobre tudo. "O misterioso filho de homem é uma personificação do povo fiel, que recebe de Deus o reino que durará para sempre. O Novo testamento vê Jesus, o instaurador do Reino de Deus, como esse misterioso filho de homem que vem do céu."[2]

Daniel é considerado o mais importante escritor a utilizar a linguagem apocalíptica, embora os estudiosos considerem um período pré-apocalíptico quando alguns textos revelam isso, como: Isaías 24–27; 34–35; as visões de Ezequiel, Joel e até Zacarias 9–14. Entretanto, Daniel é considerado como o "Pai da Apocalíptica" e o escritor por excelência dessa literatura. Temos também muitos outros escritos apocalípticos elaborados pelos judeus e, após Jesus Cristo, também pelos cristãos.[3] Todavia, somente o livro de Daniel e o Apocalipse fazem parte da Bíblia. Sabemos que João, o autor do Apocalipse, foi muito influenciado por Daniel e se serve de várias visões suas em seus escritos.

A linguagem apocalíptica foi utilizada pelo próprio Jesus em alguns momentos de seus ensinamentos, conforme podemos constatar nos Evangelhos de Marcos, Mateus, Lucas e João. Vimos, acima, a questão do misterioso Filho do Homem,

---

[2] Bíblia Edição Pastoral. 74 ed. São Paulo: Paulinas, 1993. p. 1155 (nota de rodapé).

[3] Como exemplo, só para citar alguns: "O Apocalipse de Abraão", "O Apocalipse de Moisés", "O Testamento de Jó", "O Testamento dos Doze Patriarcas". Entre os judeus e entre os cristãos: "O Apocalipse de Pedro", "O Apocalipse de Paulo" etc.

que Jesus atribui a si mesmo (Mt 8,20; 9,6; 25,31; Mc 2,28; 8,38; Lc 7,34; 9,44; Jo 3,14 etc.). Sobre o Filho do Homem, veja a explicação em 1,12-20, p. 42. Dentre os vários textos e passagens, temos Mc 13,14-27; Lc 21,25-28; Mt 25,31-46 etc.

Se você ler a Bíblia, verá que há grandes ou pequenas diferenças no modo pelo qual um livro foi escrito em relação ao outro. O livro dos Salmos é bem diferente em seu estilo em relação ao livro do Profeta Isaías. Os evangelhos escritos por Mateus, Marcos ou Lucas são diferentes das cartas escritas por Paulo. Cânticos dos Cânticos é muito diferente do Evangelho de João. Isso quer dizer que, entre os vários escritores sagrados, foram utilizados vários estilos de escrever, e seu modo de anunciar e comunicar a Palavra de Deus foram diferentes. Não precisa ir longe: num mesmo livro, você pode encontrar diferentes modos em que o mesmo autor encontrou para escrever e transmitir sua mensagem de fé; o modo de escrever, desta ou daquela maneira, o estilo, deste ou daquele livro que comunica a mensagem da Palavra de Deus, é o que nós chamamos de Gêneros Literários.

> Sob a designação de gêneros literários são apresentados tipos, ou espécies de literatura, que se distinguem uns dos outros pela forma específica e pela estrutura adaptada ao conteúdo.[4]

---

[4] MACKENZIE, John L. *Dicionário Bíblico*. Tradução de Álvaro Cunha et al. 4 ed. São Paulo: Paulus, 1984. p. 378 (verbete Gêneros Literários).

Saber o gênero literário é de grande importância para perceber e entender qual é o verdadeiro sentido do texto e o que ele nos quer dizer. Assim sendo, faz-se necessário conhecer bem o gênero literário em que o Apocalipse foi escrito.

Para alguns, o que define o gênero apocalíptico é o fato de ele descrever uma revelação, vinda do alto. Para outros, é sua maneira de expressar tudo por meio de imagens, símbolos ou visões. Para outros, é sua maneira característica de ler a história e dividi-la em etapas. Para outros, ainda, é a determinada visão do mundo que nele se expressa.[5]

Com certeza, esse estilo apocalíptico de escrever de João vai levar-nos às descobertas preciosas da fé, da esperança e do amor que fez com que os cristãos lutassem em busca de um mundo melhor.

3. Pisando no chão do Apocalipse: o Império Romano

Houve toda uma "onda" que afirmava que o Apocalipse foi escrito devido um tempo de perseguição, morte, prisões, culto ao imperador, e que professar a fé em Jesus Cristo era quase sinônimo, muitas vezes, de morte. Ultimamente, surgiu "outra onda", dizendo que

---

[5] MESTERS, Carlos; OROFINO, Francisco. *Apocalipse de São João*. A teimosia da fé dos pequenos. Petrópolis: Vozes, 2003. p. 13.

historiadores informam que não se tem notícia de perseguições, decretadas pelo Império contra os cristãos nesse período. Alguns quase chegam a dizer que não houve perseguição na época de Domiciano e que o *Apocalipse* não faz referência a perseguições.[6]

Penso que devemos deixar de lado as "ondas" que muitas vezes vêm e passam. Para entender a época em que foi escrito o Apocalipse, nada melhor que ler nas entrelinhas e também em várias citações claras que o autor faz e coloca sobre, a nosso ver, a realidade enfrentada pelas comunidades cristãs de sua época. O ideal é pisar no chão do Apocalipse, e aí podemos conhecer melhor o Império Romano e não correr o risco de ficar nas nuvens, somente olhando esta ou aquela onda passar. Para isso, vamos citar, entre muitas outras, sete passagens:

1. Quando o Cordeiro abriu o quinto selo, vi debaixo do altar as vidas daqueles que tinham sido imolados por causa da Palavra de Deus e por causa do testemunho que dela tinham dado. Eles gritavam em alta voz: "Senhor santo e verdadeiro, até quando tardarás em fazer justiça, vingando nosso sangue contra os habitantes da terra?" (6,9-10);

2. Um dos Anciãos tomou a palavra e me perguntou: "Você sabe quem são e de onde vieram esses que estão

---

[6] MESTERS, Carlos; OROFINO, Francisco. *Apocalipse de São João*. A teimosia da fé dos pequenos. Petrópolis: Vozes, 2003. p. 47.

vestidos com roupas brancas?" Eu respondi: "Não sei não, Senhor! O Senhor é quem sabe!" Ele então me explicou: "São os que vêm chegando da grande tribulação. Eles lavaram e alvejaram suas roupas no sangue do Cordeiro" (7,13-14);

3. Eles, porém, venceram o Dragão pelo sangue do Cordeiro e pela palavra do testemunho que deram, pois diante da morte desprezaram a própria vida (12,11);

4. Cheio de raiva por causa da Mulher, o Dragão começou então a atacar o resto dos filhos dela, os que obedecem aos mandamentos de Deus e mantêm o testemunho de Jesus (12,17);

5. Então a Besta abriu a boca em blasfêmias contra Deus, blasfemando contra seu Nome e sua morada santa e contra os que moram no Céu. Foi permitido a ela guerrear contra os santos e vencer. Recebeu autoridade sobre toda tribo, povo, língua e nação (13,6-7);

6. Se alguém tem ouvidos, ouça:
Se alguém está destinado à prisão, irá para a prisão...
Se alguém deve morrer pela espada, é pela espada que deve morrer (13,9-10);

7. Na fronte da mulher estava escrito um nome misterioso: "Babilônia, a Grande, a mãe das prostitutas e das abominações da terra". Reparei que a mulher estava embriagada com o sangue dos santos e com o sangue das testemunhas de Jesus (17,5-6).

Por tudo isso, ficou claro, como o sol e a luz, que havia sim perseguições, violência, morte, prisões e toda uma ideologia de dominação e exclusão. Aliás, é impossível entender os livros do Apocalipse e Daniel, se não levarmos em conta o contexto social, político, econômico e ideológico da época em que foram escritos. O Apocalipse tem tudo a ver com a política, mas para quem não gosta de política e procura interpretar textos na linha espiritualista e fundamentalista, como se a religião e a vida do povo não tivessem nada a ver com a política, corre o risco de um desastre, de ver de modo nebuloso, confuso, e de ter os olhos vedados por um véu, não enxergando a boa nova, a esperança, e não percebendo a convocação da fé para a fidelidade em relação à Palavra de Deus. Esse é um perigo para quem lê e interpreta de modo errado os escritos do Apocalipse. Podemos até pensar que as coisas são o que são pela vontade de Deus e esquecer que a tarefa de lutar por um mundo melhor depende de todos nós. Corre-se o risco de achar que existem tribulações neste mundo que há de passar, conformando-se com o sofrimento, que vai dar no futuro a vida eterna e o céu.

O Apocalipse é exatamente o contrário: ele nos convoca a "tirar o véu" e enxergar muito bem que nosso Deus é o Deus da vida, que quer o bem, a fartura, principalmente aqui na terra. E que os cristãos e pessoas de boa vontade devem lutar por um mundo melhor e denunciar os abusos políticos, a corrupção e tudo aquilo que gera morte e exclusão. A política, em si, é necessária e faz parte da vida de todos nós. Platão já dizia que "a política é a arte de bem governar para o bem comum". Política é arte, habilidade, instrumento importante para se obter o bem comum, e não os bens só para alguns, em busca dos interesses próprios ou de determinados grupos. Não podemos confundir política, que é uma arte boa, com politicagem, que é definida como: "Política ordinária, mesquinha e interesseira".[7]

O autor do Apocalipse também descreve, de modo bem geral, a riqueza e a economia de Roma, que ele chama de Babilônia e grande prostituta, uma linguagem para disfarçar sua crítica à capital do Império Romano.

> Os mercadores de toda a terra também choram e ficam de luto por causa da ruína de Babilônia, porque ninguém mais vai comprar as mercadorias deles: carregamentos de ouro e prata, pedras preciosas e pérolas, linho e púrpura, seda e escarlate, madeiras perfumadas de todo tipo, objetos de marfim e de madeira preciosa, de cobre, de ferro e de mármore, cravo e especiarias, perfumes, mirra e incenso, vinho e óleo, flor de farinha e trigo, bois e ovelhas, cavalos e carros, escravos e vidas humanas... (18,11-13).

Por tudo isso, dá pra entender a riqueza e o luxo de alguns e a miséria e a fome de muitos. Na verdade, o autor do Apocalipse estava certo ao dizer que o Império Romano era um grande Dragão que devorava vidas humanas. E hoje, quais são os grandes Dragões que devoram as vidas humanas?

---

[7] MICHAELIS. *Dicionário escolar da Língua Portuguesa*. São Paulo: Melhoramentos, 2002. p. 612.

4. Como tirar o véu e entender o apocalipse?

Já afirmamos que a palavra Apocalipse significa revelar, no sentido de tirar o véu e mostrar de fato as coisas como elas são. João começa este livro dizendo:

> Esta é a revelação de Jesus Cristo: Deus concedeu a Jesus, para Ele mostrar a seus servos as coisas que devem acontecer muito em breve. Deus enviou a seu servo João o Anjo, que lhe mostrou estas coisas por meio de sinais. João testemunha que tudo quanto viu é Palavra de Deus e Testemunho de Jesus Cristo (1,1-2).

O Apocalipse é uma revelação no singular, e não revelações. É uma revelação de Jesus Cristo, de coisas que devem acontecer muito em breve, quebrando já uma ideia errônea de que o Apocalipse é coisa do futuro ou do fim do mundo. Essa revelação acontece por meio de um Anjo, que a mostra a João por intermédio de sinais, e João testemunha que tudo que viu – e aqui entram as visões – é Palavra de Deus e testemunho de Jesus Cristo. O Apocalipse é uma revelação, mas que aparece em várias visões.

Exatamente por haver sido escrito e revelado por sinais e visões, muitos consideram esse livro como o mais difícil de toda a Bíblia de ser entendido. Não é um escrito comum, é diferente dos outros livros da Bíblia, com exceção de Daniel. Os discípulos de Emaús (Lc 24,13-35) também tinham dúvidas em seus corações e estavam como que "cegos", sendo-lhes necessário caminhar com Jesus e depois abrir os olhos e o coração: "Não estava nosso coração ardendo quando Ele nos falava pelo caminho, e nos explicava as Escrituras?" (Lc 24,32).

Jesus explicava as Escrituras. Para entendê-las, temos de abrir nossos olhos, e nosso coração tem de arder pelas coisas de Deus. Foi também pelo coração que decidimos escrever este livro *Explicando o Apocalipse*, pedindo sinceramente ao Espírito de Deus para tirar o véu de nossos olhos, a fim de que possamos entender, com o coração, o significado das visões e a boa nova que o Apocalipse quer revelar a todos nós. Este é o quinto e último livro de uma série, todos publicados pela Editora Santuário, numa linguagem simples que o povo entende e, ao mesmo tempo, teológica, que vem explicar a Palavra de Deus para que ela seja vida em nossas vidas. Os outros livros são:

1. ***Explicando o Antigo Testamento***. A obra comenta o modo pelo qual Deus caminha com seu povo; descreve, de um modo geral, cada um dos 46 livros do Antigo Testamento, as mais belas histórias, profecias, leis e costumes. Livro essencial para entender bem o Novo Testamento.

2. ***Explicando o Novo Testamento: os evangelhos de Marcos, Mateus, Lucas e Atos dos Apóstolos***. Essa obra comenta os diversos ensinamentos de Jesus, suas parábolas, milagres, sua bondade acima de tudo, o amor de Deus, que enviou seu Filho Jesus para nos salvar, e isso foi narrado

por Marcos, Mateus e Lucas, que também escreveu os Atos dos Apóstolos e descreveu a caminhada das primeiras comunidades cristãs.

3. ***Explicando as cartas de São Paulo***. A obra descreve a vida de Paulo, sua conversão, suas viagens com os mapas, todas as suas cartas e seus principais temas e ensinamentos. Ninguém melhor que Paulo soube entender, com o coração e com a própria vida, os ensinamentos de Jesus. Sua linda e emocionante história mistura-se com a vida de fé das primeiras comunidades e nos inspira a ser discípulos(as) missionários(as) de Jesus Cristo.

4. ***Explicando o Evangelho de João e as Cartas de: João, Hebreus, Tiago, Pedro e Judas***. A obra explica, em detalhes, os ensinamentos de Jesus e seus sinais no Evangelho escrito por João, a nova criação, a nova páscoa, a nova e eterna aliança, o misterioso discípulo amado, a força e o papel essencial das mulheres e discípulas amadas por Jesus e testemunhas de sua ressurreição, bem como o segredo maior do novo mandamento: "amai-vos uns aos outros assim como eu vos amei". E ainda há também a riqueza e os ensinamentos das Cartas de João, Hebreus, Tiago, Pedro e Judas.

Para entender bem o Apocalipse, faz-se necessário conhecer principalmente o Antigo Testamento, em que o autor, numa liberdade impressionante, passa de uma citação para outra, sem ficar preso em sua questão literal. Sugere-se ao leitor este ou aquele acontecimento do passado para iluminar a situação do presente; da citação de um livro do Antigo Testamento passa-se ao outro; misturam-se, algumas vezes, várias passagens; outras vezes, unicamente a seu critério, modifica-se este ou aquele fato para dar mais vida e consistência a seus ensinamentos. O Êxodo, juntamente com o livro de Daniel, são seus livros preferidos, mas ele faz um "passeio" por diversos outros livros. Evidentemente que a Paixão, a Morte e, principalmente, a Ressurreição de Jesus, bem como seus diversos ensinamentos serão a razão de ser de todo este livro, conforme veremos ao longo de nossa explicação.

Todo professor de história e pessoas conscientes sabem que, de fato, existem duas histórias: *A história oficial*, que é narrada e escrita em diversos livros e é contada tendo em vista a visão e os interesses dos poderosos e para legitimar o poder, a exploração, e marginalizar os que foram esmagados e os pobres, e encobrir fatos ocorridos que iam contra seus interesses. Por outro lado, temos *a história real,* ou seja, a verdadeira, a qual de fato aconteceu, mas que não foi narrada nem escrita em livros, pois os pobres e seus verdadeiros personagens não tinham acesso ao poder e foram deixados às margens da história...

E agora uma surpresa: O *Apocalipse* é a expressão do movimento popular que conseguiu quebrar esse monopólio dos poderosos. Surge não do lado de quem conduz a história, mas, sim, do lado de quem por ela é esmagado. [...] Sua origem está nos porões da humanidade onde vive o povo pobre, marginalizado e excluído. O *Apocalipse* é a profecia em época de Império, pois, como os antigos profetas, conseguiu arrancar a imagem de Deus da mão dos grandes e devolvê-la aos pequenos.[8]

Estamos próximos de iniciar uma grande descoberta, de penetrar num mundo desconhecido, de tirar o véu de diversas visões e enxergar não de modo confuso ou nebuloso, mas com clareza e nitidez, as maravilhas de um Deus que se revela como alguém íntimo, que ama, que conduz a história e que é o Senhor de tudo. Essas visões e símbolos, ou linguagem apocalíptica, eram para o povo da época uma literatura normal que provocava o interesse, a curiosidade e a esperança de lutar para um novo céu e uma nova terra.

O símbolo revela uma dimensão mais profunda que a olho nu não se vê. Símbolo vem de *sym-ballo*: juntar, associar. [...] Um símbolo vale mais pela experiência e pela ação que provoca do que pelo conteúdo que comunica. Ele quer é despertar a criatividade.[9]

Para nós, que ainda não conhecemos bem esse tipo de literatura, pode parecer um pouco complicado entender tantas visões, símbolos e sinais, mas, com a luz do Espírito Santo que ilumina nossos corações e nossas mentes, pode-

---

[8] MESTERS, Carlos; OROFINO, Francisco. *Apocalipse de São João*. A teimosia da fé dos pequenos. Petrópolis: Vozes, 2003. p. 67.

[9] MESTERS, Carlos; OROFINO, Francisco. *Apocalipse de São João*. A teimosia da fé dos pequenos. Petrópolis: Vozes, 2003. p. 57-58.

mos sim, com nosso estudo, esforço e fé, tirar o véu, que confundia o olhar dos poderosos, e enxergar, com o olhar dos pequeninos, toda a beleza, profecia, fé, canto, louvor, que levaram toda a comunidade cristã a unir e vencer o Império Romano, unicamente seguindo o Cordeiro, que levou uma mulher grávida a gerar um filho que conduz a história do mundo todo e vencer toda a força do Dragão.

O *Apocalipse* é uma *Boa-Nova* porque comunica conforto e esperança a um povo em crise, ameaçado em sua fé. A crise tinha duas causas, ligadas entre si. A *externa:* a perseguição e as mudanças na sociedade. A *interna:* a falta de visão e de fé, as divisões e o cansaço. Deus parecia ter perdido o controle da situação.[10]

Enfim, o Apocalipse é isto: um livro fascinante, comprometedor, de anúncio e de denúncia, de fé e de esperança. Nele, o autor não enfrenta o poder do mal e as forças opressoras abertamente, mas com uma linguagem de visões, símbolos e sinais, mostrando que nosso Deus é o Senhor da história, e na luta entre o bem (Cordeiro) e o mal (Dragão), o Cordeiro, que é Jesus, é o vencedor. É inteligente ao chamar o Império Romano de Dragão, Besta, e Roma de a grande prostituta. Para o autor, é 8 ou 80, não tem meio-termo, ou é seguidor do Cordeiro, ou é seguidor da Besta ou do Dragão, ou é do bem, ou é do mal. Para isso, faz uma experiência

---

[10] MESTERS, Carlos; OROFINO, Francisco. *Apocalipse de São João*. A teimosia da fé dos pequenos. Petrópolis: Vozes, 2003. p. 52.

isso, faz uma experiência no Espírito e enxerga os fatos lá do mundo de cima, que é o céu, e sabe muito bem o que se passa aqui na terra, o mundo de baixo. A vitória é uma questão de pouco tempo.

5. Divisão do livro do Apocalipse

É bom e faz-se necessário conhecer um pouco a história e o modo pelo qual se dá a divisão de um livro. Com o Apocalipse não é diferente. Podem haver muitas vezes controvérsias entre vários escritores sobre a estrutura ou a divisão de um livro. Todavia, há certo consenso, entre os biblistas, de que há duas partes ou dois blocos distintos.

Uma parte vai dos capítulos 4 ao 11, que teria sido escrita durante a perseguição do Imperador Nero, que morreu por volta do ano 68. Outros já pensam que essa primeira parte foi escrita depois da destruição de Jerusalém pelos romanos, por volta do ano 70, durante a guerra judaico-romana (66-73). O assunto principal é o anúncio de libertação do povo, como se fosse um novo êxodo, e o livro do Êxodo é muito utilizado pelo autor.

Outra parte vai dos capítulos 12 ao 22,5, que possivelmente foi escrita na época da perseguição – já colocamos nossa visão sobre isso, do Imperador Domiciano (81-96 d.C.). Nessa parte, ficam evidentes o julgamento de Deus e a derrota ou condenação dos opressores.

O segredo maior gira em torno de Ap 11,15-18, em que o sétimo Anjo tocou a trombeta, e da chegada do julgamento de Deus, que será descrita em detalhes nos capítulos 12 ao 22,5, em que se têm a derrota definitiva do mal e a vitória final. Eduardo Arens e Manuel Mateos dizem:

> Daí podermos falar de dois apocalipses justapostos; o segundo; acrescentado posteriormente, começaria em 12,1 (ou em 11,19?). O fato é que a partir do 12,1 inicia-se um novo bloco com uma visão diferente.[11]

Outros estudiosos, como Carlos Mesters e Orofino, dizem:

> Na descrição desta sétima praga constavam as visões do guerreiro e da Jerusalém celeste que, no estado atual do *Apocalipse,* encontram-se, respectivamente, em Ap 19,11-21 e em Ap 21,1-7. Isso significa que a descrição da sétima praga teve uma nova edição, revista e profundamente modificada, que agora ocupa os capítulos 12 a 22.[12]

Logo após, o autor teria feito uma introdução ou preâmbulo, que é Ap 1,4-20, e também foram acrescentadas as sete cartas (Ap 2,1–3,22), e, por fim, são feitas uma apresentação (Ap 1,1-3) e uma conclusão ou considerações finais (Ap 22,6-21).

---

[11] ARENS, Eduardo; MATEOS, Manuel Díaz. *O Apocalipse*: a força da esperança. Tradução de Mário Gonçalves. São Paulo: Loyola, 2004. p. 146.

[12] MESTERS, Carlos; OROFINO, Francisco. *Apocalipse de São João*. A teimosia da fé dos pequenos. Petrópolis: Vozes, 2003. p. 78.

6. O Apocalipse não é...

Como estamos prestes a iniciar o estudo do Apocalipse, vão aqui sete (por ser o número da perfeição, da totalidade e da plenitude) dicas do que o Apocalipse NÃO É.

1. NÃO É um livro que fala sobre as coisas do futuro e sobre o fim do mundo.
2. NÃO É um livro para causar medo e pavor.
3. NÃO É um livro que mostra que Deus castiga e usa de violência contra os opressores.
4. NÃO É um livro para ficar de braços cruzados e aceitar passivamente as coisas como são, vistas como se fossem "vontade de Deus".
5. NÃO É um livro que incita a violência e a morte aos inimigos.
6. NÃO É um livro para ser lido de modo literal ou fundamentalista, como se tudo o que lá está escrito tem de ser daquela maneira.
7. NÃO É um livro para que sejam interpretadas as visões de modo literal, mas como sinais que apontam para uma mensagem profética de anúncio e denúncia.

7. O Apocalipse é...

1. O APOCALIPSE É um livro que traz uma Boa-Nova a um povo que viveu numa época e realidade histórica diferentes da nossa. Todavia, sua mensagem é atual e nos inspira a lutar contra todo e qualquer mal.

2. O APOCALIPSE É um livro de profecia: anúncio da Palavra de Deus e denúncia das injustiças e de tudo aquilo que leva à morte.

3. O APOCALIPSE É um livro de esperança, fé, perseverança e amor, que nos leva a lutar pela justiça e a paz.

4. O APOCALIPSE É um convite a confiar em Deus e saber que só Ele é o Senhor da História.

5. O APOCALIPSE É um convite à conversão, a vivenciar o tempo presente, evitar o mal e praticar o bem.

6. O APOCALIPSE É um livro que mostra que o julgamento de Deus é justo e cada um recebe a recompensa de acordo com suas obras.

7. O APOCALIPSE É um livro que mostra que, para existir um Novo Céu e uma Nova Terra, só depende de nós.

Para entender melhor o Apocalipse, vamos iniciar nossos estudos, seguindo este esquema:

1. *O texto e seu contexto*.
2. *Tirando o véu*: vamos explicar e revelar o significado

das visões, dos símbolos e sinais de uma maneira simples e teológica, e assim enxergar, com clareza, sua mensagem e boa-nova daquele tempo e de hoje.

3. *Em poucas palavras*: um resumo do que o texto ou a visão quer nos dizer.

Lembrando que

> o *Apocalipse de João* é maior que as teorias que o interpretam. As interpretações passam. O *Apocalipse* permanece! Seu sentido não se esgota em nenhuma delas. Isso obriga o intérprete a ser humilde e ter consciência da relatividade de sua interpretação.[13]

Consciente de que nossa interpretação é relativa e, com humildade, queremos apenas levar às pessoas que têm fome e sede da Palavra de Deus uma explicação simples desse livro fascinante, e que o Apocalipse foi, é e será um livro misterioso, envolvente, que nos chama à conversão e nos convoca a construir, como os primeiros cristãos, "um Novo Céu e uma Nova Terra".

Feliz aquele que lê e aqueles que escutam as palavras desta profecia, se praticarem o que nela está escrito. Pois o tempo está próximo (1,3).

---

[13] MESTERS, Carlos; OROFINO, Francisco. *Apocalipse de São João*. A teimosia da fé dos pequenos. Petrópolis: Vozes, 2003. p. 70.

1. ABRINDO O APOCALIPSE

Abrindo o livro do Apocalipse, há uma introdução geral (1,4-8) e a visão inicial (1,9-20), e depois, as sete cartas dirigidas às comunidades (2,1–3,22), em que o autor mostra a realidade, os sofrimentos, mas também a fé, o amor e a luta empreendida pelas comunidades, rumo à fidelidade à Palavra de Deus. Conforme dissemos na divisão deste livro, a primeira parte (1,4–3,22) foi escrita posteriormente, ou seja, após os dois principais blocos: 4–11 e 12–22; vários estudiosos afirmam isso. Possivelmente, o autor, ao escrever esse livro, sentiu a necessidade de dar uma explicação maior de seu objetivo, além de colocar uma visão maravilhosa do Jesus ressuscitado (1,9-20), que, sem dúvida, foi essencial para a esperança, a fé e a perseverança do povo em sua caminhada rumo à libertação e também a certeza de que o julgamento de Deus, a destruição dos poderosos e a vitória final do bem sobre o mal finalmente iriam acontecer (4–22).

Já em 1,3, temos: "feliz aquele que lê e aqueles que escutam as palavras desta profecia, se praticarem o que nela está escrito".

Aquele que lê está no singular e *aqueles que escutam*, no plural. Isso revela que o Apocalipse foi escrito para ser lido e escutado em assembleia, na liturgia, ou seja, na celebração da comunidade. É um livro de canto, louvor, aclamações, lamentos, preces, procissões e com várias ações de graças. A primeira dimensão litúrgica começa nesta introdução (1,4-8) e se prolonga em muitos outros momentos ao longo do livro. Só para citar algumas: 4,4-11; 5,9-14; 6,9-11; 7,9-17; 11,15-18; 12,10-12; 15,3-4, e o cântico dos cânticos, ou seja, o cântico do Novo Céu e da Nova Terra (21,3-7).

João se dirige às comunidades ou às Igrejas:[14]

> Desejo a vocês a graça e a paz da parte daquele-que--é, que era e que-vem; da parte dos sete Espíritos que estão diante do trono de Deus; e da parte de Jesus Cristo, a Testemunha fiel, o Primeiro a ressuscitar dos mortos, o Chefe dos reis da terra.
>
> A Jesus, que nos ama e nos libertou de nossos pecados, por meio de seu sangue, e que fez de nós um reino, sacerdotes para Deus, seu Pai, – a Jesus, a glória e o poder para sempre. Amém.

---

[14] Nos textos escritos do Apocalipse, usaremos, de modo geral, a tradução da Bíblia Edição Pastoral por considerá-la de uma linguagem mais compreensiva ao povo. Todavia, ao longo de nossos estudos, utilizaremos também outras traduções, como a TEB, Peregrino, Jerusalém e outras.

1. Abrindo o Apocalipse

Ele vem com as nuvens; e o mundo todo o verá, até mesmo aqueles que o transpassaram. E todos os povos do mundo baterão no peito por causa dele. É isso mesmo! Assim seja! Eu sou o Alfa e o Ômega, diz o Senhor Deus, Aquele-que-é, que-era e que-vem, o Deus Todo-poderoso (1,4-8).

O autor, que conforme dissemos chamaremos de João, começa desejando a graça e a paz "daquele-que-é, que era e que-vem"; o que nos remete ao mesmo Deus que caminhou e libertou seu povo da escravidão do Egito. Se você desejar, poderá ler todo o capítulo 3, do livro do Êxodo. Lá, Deus diz a Moisés: "Eu sou aquele que sou" (Êx 3,14). João mostra ao povo de sua época que nosso Deus é o mesmo do passado e que agora, no momento presente, quer de novo libertar seu povo da escravidão do Império Romano. Quando se fala dos sete Espíritos, fala-se de toda a perfeição e plenitude do Espírito de Deus e de toda sabedoria.

Apresenta Jesus como a testemunha fiel. Testemunha tem tudo a ver com ser mártir e morrer em nome de Deus, defendendo seu projeto, ou, em sua vida, testemunhar e vivenciar os ensinamentos de Jesus que foi obediente a Deus até a morte numa cruz (Fl 2,8-11; Hb 5,7-9). Ele é o primogênito dentre os mortos e o primeiro a ressuscitar dos mortos. Aqui, João deixa claro para todos que Jesus, por ter sido fiel ao projeto de Deus, morreu, mas também ressuscitou. Em outras palavras: quem morrer também em nome da fé e ser fiel ao plano de Deus, a exemplo de Jesus, também ressuscitará. Jesus é o Rei de todos os reis.

Esse Jesus nos ama e liberta nossos pecados por seu sangue, e todo o povo no Apocalipse é chamado de sacerdotes e pode oferecer um sacrifício agradável a Deus, que é a doação da própria vida para construir um mundo melhor. Somente a Jesus pertencem a glória e o poder para sempre. Embora alguns reis da terra julguem ter alguma glória e poder, esses são provisórios e passageiros. O autor tem a certeza de que Jesus virá um dia para julgar todos os povos do mundo, inclusive os detentores do poder romano.

Alfa é a primeira letra, e Ômega, a última letra do alfabeto grego, língua em que o Apocalipse foi escrito. Deus é o primeiro e o último. Em Isaías, temos: "Eu sou o primeiro, eu sou o último; fora de mim não existe outro Deus" (Is 44,6). E novamente aparece a linda imagem de um Deus que sempre esteve ao lado de seu povo, lembrando o Êxodo e a libertação definitiva; somente a Ele pertencem a libertação, a glória e o poder de fazer novas todas as coisas.

2. A VISÃO DAS VISÕES

Inicialmente, João apresenta-se como irmão e companheiro da comunidade nesse tempo de tribulação. É uma imagem bonita da fraternidade, em que os cristãos eram conhecidos como "irmãos". Fala também que estava exilado na ilha de Patmos, por causa da Palavra de Deus e do testemunho de Jesus. Quando ele diz *estava*, pode significar que não está mais na época em que escrevera o Apocalipse. A ilha de Patmos, no mar Egeu, poderia ser uma espécie de condenação a quem fosse contra as ordens do Império Romano, um lugar isolado, solitário. Alguns até pensam que lá havia pedreiras e que João foi castigado com o trabalho forçado. Seja como for, o importante é o conteúdo revelado, pois, num dia de domingo, no dia do Senhor, em que a comunidade reunia-se em torno da Palavra e celebrava a ressurreição de Jesus, João faz uma experiência forte; conduzido pelo "Espírito", ele ouve uma voz forte, como trombeta, que o pede para escrever, num livro, o que estava vendo e mandar para as sete igrejas (cf. 1,9-11).

1. Texto e contexto

Virei-me para ver a voz que me falava. E vi sete candelabros de ouro. No meio dos candelabros estava alguém: parecia um filho de Homem, vestido de longa túnica; no peito, um cinto de ouro; cabelos brancos como lã, como neve; os olhos pareciam uma chama de fogo; os pés eram como bronze no forno, cor de brasa; a voz era como o estrondo de águas torrenciais; na mão direita ele tinha sete estrelas; de sua boca saía uma espada afiada, de dois cortes; seu rosto era como o sol brilhante do meio-dia.
Quando o vi, caí como morto a seus pés. Ele colocou a mão direita sobre mim e me encorajou: "Não tenha medo. Eu sou o Primeiro e o Último. Sou o Vivente. Estive morto, mas estou vivo para sempre. Tenho as chaves da morte e da morada dos mortos. Escreva o que você viu: tanto as coisas presentes como as que devem acontecer depois delas. Quer saber o mistério das sete estrelas que você viu na minha mão direita? E dos sete candelabros de ouro? As sete estrelas são os Anjos das sete igrejas; e os sete candelabros são as sete igrejas (1,12-20).

Estamos diante da primeira visão, mas ela não é uma visão qualquer: É a Visão das visões, ou seja, a mais importante de todas as outras do Apocalipse, a nosso ver. Como estamos no primeiro texto "apocalíptico", seria bom que você lesse novamente essa visão e, sob a luz do Espírito Santo, fizesse uma reflexão e procurasse entender a mensagem que ela quis transmitir ao povo daquela época e a nós hoje. Faça essa experiência pessoal, com certeza terá um resultado surpreendente, pois o Espírito de Deus espalha-se para quem quer, e sempre é possível ter novos escritores e novas escritoras, pois tudo é dom de Deus e na mais pura gratuidade. Se você ler vários autores que escrevem sobre o Apocalipse ou qualquer outro livro da Bíblia, terá uma riqueza de novos detalhes e interpretações que muito lhe ajudará a entender a boa-nova da Palavra de Deus e do Apocalipse. Quem sabe assim teremos novos livros sobre o Apocalipse...

Podemos agora começar a entender por que João não quis transmitir sua mensagem em forma de evangelho, carta ou de qualquer outro gênero literário ou outra linguagem comum. Ele preferiu apelar para a inteligência; mais do que isso, para o coração, a imaginação, a criatividade, a emoção, a razão e até a experiência de vida em Jesus.

A vantagem das visões é que elas são muito sugestivas e fecundas. Dão asas à imaginação e podem gerar novos sentidos e novas interpretações. Por isso, nunca perdem a atualidade. Funcionam como lentes que nos ajudam a enxergar a luta permanente entre as forças do bem e as forças do mal.[15]

Por outro lado, não podemos esquecer que a linguagem apocalíptica fazia parte do cotidiano da vida desse povo e era comum na época.

---

[15] CEBI. *Evangelho de João e Apocalipse*. Roteiros para reflexão IX. 3 ed. São Leopoldo/RS e São Paulo: CEBI e Paulus, 2004. p. 126.

Temos de tomar cuidado para entender bem o estilo literário do Apocalipse. Não podemos nos perder nos detalhes e esquecer do essencial, não podemos interpretar as visões de modo literal nem de modo fundamentalista, como se fosse cada qual escrita e acabou. Só para citar um exemplo: o cântico novo, que só os cento e quarenta e quatro mil marcados podiam aprender, e eles eram aqueles "que não se contaminaram com mulheres; são virgens" (14,4). Se formos interpretar de modo fundamentalista e literal, surge a pergunta: como ficam os casados? Como ficam aqueles que não são mais virgens e "se contaminaram com mulheres"? Como é possível existir contaminação se Deus criou o homem e a mulher, abençoou-os e disse-lhes: "Sejam fecundos, multipliquem-se" (Gn 1,27)? Pior ainda que isso: só os homens virgens podem aprender esse cântico? E as mulheres não podem aprender esse cântico só pelo fato de serem mulheres? Como fica a salvação delas? Calma. "Não vamos passar o carro na frente dos bois"; no capítulo 14, explicaremos em detalhes o que significam esses ou essas "virgens", que aparecem no sentido de idolatria, adorar outros deuses, ser infiel aos ensinamentos de Jesus, e não no sentido sexual. O objetivo é mostrar que não podemos ler nenhum livro da Bíblia de modo fundamentalista sem levar em conta o texto, o contexto, a experiência de fé e outros ensinamentos importantes da parte histórica e literária.

O Apocalipse, se lido de modo fundamentalista, é ainda pior, conforme vimos nesse exemplo. Aliás, nessa primeira visão, Jesus mesmo revela o mistério das sete estrelas, que são os Anjos das sete igrejas, e os sete candelabros são as sete igrejas, são símbolos e como tais têm um significado (1,20).

2. Tirando o véu

Neste item, vamos sempre esclarecer o texto de acordo com nosso entendimento, com o que aprendemos ao longo dos estudos teológicos e das leituras realizadas, uma vez que vários autores partilham seus conhecimentos. Vamos, sobretudo, tirar o véu a partir dos dons do Espírito Santo, ou seja, explicar alguns símbolos ou sinais que aparecem nas visões e revelar, dentro do possível, seus significados e sua boa-nova no tempo do Apocalipse e nos dias de hoje.

Nesta primeira visão, todos os títulos dados para descrever o filho do Homem, bem como o significado deste ou daquele símbolo são secundários. Então, o que é importante? O importante é o que o filho do Homem, que é Jesus, diz a João e as comunidades: "Não tenha medo. Eu sou o Primeiro e o Último. Sou o Vivente. Estive morto, mas estou vivo para sempre. Tenho as chaves da morte e da morada dos mortos" (1,17-18).

• *Sete candelabros ou castiçais:* espécie de suportes para colocar as velas, que são usados em cerimônias religiosas. Significam, conforme Jesus disse: *as sete igrejas.*

- *Sete estrelas:* são os Anjos ou coordenadores das sete igrejas ou comunidades;
- *Filho do Homem:* alguém enviado por Deus para instaurar seu reino. Esta imagem está bem visível nos escritos de Daniel, em que João, possivelmente, tenha inspirado:

> Em minhas visões noturnas, tive esta visão: entre as nuvens do céu vinha alguém como um filho de homem. Chegou até perto do Ancião e foi levado a sua presença. Foram-lhe dado poder, glória e reino, e todos os povos, nações e línguas o serviram. Seu poder é um poder eterno, que nunca lhe será tirado. E seu reino é tal que jamais será destruído (Dn 7,13-14).

O Filho do Homem é o próprio Jesus, pois Ele mesmo fala de si como sendo o Filho do Homem (Mt 8,20; 9,6; 25,31; Mc 2,28; 8,38; Lc 7,34; 9,44; Jo 3,14 etc.).

Os títulos ou símbolos que cercam o filho do Homem:
- *Túnica:* é sacerdote.
- *Cinto de ouro no peito:* é rei, pois os reis utilizavam cintos de ouro, e Jesus usa-o no peito: é o Rei dos reis.
- *Cabelos brancos:* lembra idade avançada e aqui significa a eternidade, Deus é o Senhor do tempo.
- *Olhos como chamas de fogo:* sentido de sabedoria divina, ciência, conhecimento.
- *Pés como bronze:* força, estabilidade, firmeza, solidez.
- *Voz como estrondo de águas:* poder sobre tudo e todos.

- *De sua boca saía uma espada afiada, de dois cortes:* Hebreus 4,12 diz: "A Palavra de Deus é viva, eficaz e mais penetrante do que qualquer espada de dois gumes". A espada afiada é o evangelho e a Palavra de Deus;
- *Rosto como sol brilhante do meio-dia:* lembra a transfiguração de Jesus. "E se transfigurou diante deles: seu rosto brilhou como o sol, e suas roupas ficaram brancas como a luz" (Mt 17,2);
- *João que cai como morto:* difícil de interpretar, mas pode simbolizar as comunidades que estavam como mortas e sem vida em sua fé, ou por medo das mortes, no sentido literal. Necessitavam de um toque de Jesus para encorajar-se e ter vida.

3. Em poucas palavras

As comunidades não precisam ter medo da perseguição, dos sofrimentos e da morte. Os detentores do poder mataram Jesus, mas Ele tem as chaves da morte e está vivo para sempre. Este é um dos segredos do Apocalipse, pois só Deus pode vencer a morte e tem sua chave. Que lindo saber que Jesus está no meio das comunidades (igrejas) e que carrega seus coordenadores e seguidores na mão direita e os protege de todo e qualquer mal. Esta é a Visão das visões, no sentido de mostrar que Jesus está vivo e ressuscitado e está ao lado das comunidades.

3. AS SETE CARTAS (2,1–3,22)

Se você ler o Apocalipse todo, verá que vários temas, imagens, símbolos e outros acontecimentos que estão nas sete cartas vão reaparecer ao longo desse livro. Então, as cartas serviram de base ao livro? Não. Na verdade, é o livro do Apocalipse (4–22) que influenciou a escrita dessas cartas, pois, conforme dissemos, na divisão do livro, elas foram escritas posteriormente e possuem um esquema próprio e diferente de todo o restante.

Se você quiser, pegue sua Bíblia, de preferência, se tiver, a da Edição Pastoral, ou qualquer outra tradução, e vamos fazer um exercício.

Na carta de Éfeso 2,7, está: "Ao vencedor eu darei como prêmio comer da árvore da vida que está no paraíso de Deus". Agora vamos para o 22,2: "No meio da praça, de cada lado do rio, estão plantadas árvores da vida; elas dão frutos doze vezes por ano".

Se você observar a visão inicial (1,9-20), verá que várias imagens, ali presentes, aparecem também nas cartas.

Em 2,1, há: "Assim diz aquele que tem na mão direita as sete estrelas, aquele que está andando no meio dos sete candelabros de ouro". É a mesma imagem da visão inicial (1,13.16).

Em relação à comunidade de Esmirna, diz: "Assim diz o Primeiro e o Último, aquele que esteve morto, mas voltou à vida" (2,8). Compare agora: "Não tenha medo. Eu sou o Primeiro e o Último. Sou o Vivente. Estive morto, mas estou vivo para sempre" (1,17-18). Fala também que: "O vencedor ficará livre da segunda morte" (2,11). "Feliz e santo aquele que participa da primeira ressurreição! A segunda morte não tem poder sobre eles" (20,6). "O lago de fogo é a segunda morte" (20,14). E também 21,8.

Para não ficar extenso, as demais citações, das outras comunidades, só serão colocadas, onde se encontram, e você poderá compará-las. Há citações também da visão inicial (1,9-20) ou até mesmo da introdução (1,4-8), dando provas de que, apesar das diferenças, há uma redação final, visando unidade e continuidade de temas interligados. Essa é uma das aventuras de quem, de fato, quer aprender bem o Apocalipse.

Em relação à carta para Pérgamo, compare 2,17 com 19,12-13; e 2,12 com 1,16.

Quanto à carta para Tiatira, compare 2,27 com 12,5; 2,28 com 22,16; e também 2,18 com 1,14-15.

No tocante à carta para Sardes, compare 3,5 (roupa branca) com 6,11 e 7,9; e livro da vida com 20,12.15; e 3,1 com 1,12.16.

Em relação à carta para Filadélfia, compare 3,12 com 14,1 e 22,3-4.

Quanto à última carta para Laodiceia, compare 3,21 com 20,4 e 22,5; também 3,14 com 1,5.

Depois desse exercício importante, que une as cartas a todo o Apocalipse, vamos agora dar início à mensagem específica de cada carta, que são 7 (sete), ou seja, o número da perfeição, totalidade e plenitude. Isso quer dizer que não são só para as sete citadas, mas para todas as comunidades. Mais do que isso, a mensagem, o apelo à conversão e os ensinamentos não são só para as comunidades ali específicas, mas para todas as outras citadas ou não. Se você ler as cartas, verá que há um esquema único para todas elas, exceto quando se referem ao prêmio do vencedor e o convite: "Quem tiver ouvidos, ouça o que o Espírito diz às igrejas". Nas três primeiras cartas: Éfeso, Esmirna e Pérgamo, vem primeiro o convite para depois vir o prêmio ao vencedor. Nas quatro outras: Tiatira, Sardes, Filadélfia e Laodiceia, vem primeiro o prêmio ao vencedor para depois vir o convite.

Como na Bíblia sabemos que cada detalhe é importante e que nada é por acaso, deve haver alguma coisa por trás dessa inversão. Como saber a intenção do autor? Difícil, pois isso não é só um detalhe. Analisando os prêmios ao vencedor, penso que os três primeiros: comer da árvore da vida (2,7), coroa da vida (2,10), maná escondido e nome que ninguém conhece (2,17) que, em 19,12-13, são revelados como sendo a Palavra de Deus, só Deus pode dar, é algo divino. O número 3 (três), na Bíblia, é a totalidade divina: Pai, Filho e Espírito Santo, além de toda a criação: Céu, Terra e Mar. Quanto aos outros quatro prêmios: depende da conduta do vencedor, do próprio ser humano, receber, por sua conduta aqui na terra, um dia a autoridade sobre as nações e estrela da manhã (2,26-28), não sujar suas roupas, andar com Jesus para depois receber roupas brancas e ter o nome no livro da vida (3,4-5), permitir e lutar para que o nome de Deus seja gravado em nós (3,12) e mudar de vida e vencer o mal aqui na terra (3,20-21). Tudo isso depende de nós, seres humanos, contando é claro, com a graça de Deus. O número 4 (quatro) na Bíblia, por sua vez, significa exatamente a totalidade humana e os quatro pontos cardeais da terra: Norte, Sul, Leste e Oeste, ou seja, toda a terra e o que nela existe. Penso que é a união entre o divino (3) e o humano (4) que vai permitir chegar e receber o prêmio. Tudo o que temos e somos depende de Deus. Mas nunca podemos esquecer que somos livres para dizer sim ou não à vontade de Deus e, com nosso modo de ser, podemos praticar o bem ou o mal. Então, o prêmio ao vencedor depende também de nossa conduta, enquanto seres humanos. Mas isso é só um detalhe interpretativo que, como vimos, é relativo. Sem nos perdermos nos detalhes, vamos agora ao essencial: a mensagem que o autor quis transmitir às comunidades daquele tempo e hoje a todos nós.

Para isso, vamos seguir este esquema:

1. A quem se dirige...

2. Assim diz...
3. Conheço...
4. Convite à conversão.
5. Prêmio ao vencedor.

Lembrando que esse esquema será para as três primeiras cartas; da quarta até a sétima, inverteremos o item 5 e o 4, colocando o prêmio ao vencedor primeiro e depois o convite à conversão, seguindo o esquema presente nelas.

1. Éfeso (2,1-7)

1. A QUEM SE DIRIGE... é ao Anjo, ou seja, toda a comunidade de Éfeso, que era uma grande cidade com população estimada entre 500 a 600 mil habitantes, o que fazia dela uma das maiores cidades da época. Era a capital da província romana da Ásia Menor (atual Turquia). Era um importante centro comercial e administrativo. Havia teatros, um estádio imenso, onde se faziam as competições atléticas e lutas de gladiadores, banhos e ginásios e, possivelmente, até escola de medicina. Lá ficou Paulo, aproximadamente por três anos (cf. At 20,31), evangelizando e formando comunidades. Era também uma cidade que tinha o culto ao imperador e o culto a Diana ou Ártemis, deusa da fertilidade, e os moradores se orgulhavam disso (cf. At 19,34-35).

2. Assim diz... Jesus é apresentado como aquele que está no meio das comunidades ou igrejas (sete candelabros) e que tem, na mão direita, os coordenadores e os membros das comunidades (sete estrelas) (cf. 1,20).

3. Conheço... O verbo conhecer, na Bíblia, significa um conhecimento pleno e íntimo. Trata-se de uma comunidade que se esforça, persevera, sofre por causa de Jesus e não desanima. Mas, por outro lado, "abandonou o primeiro amor". São João diz: "Deus é amor..." (1Jo 4,8). Jesus mostra que seus discípulos e discípulas só serão reconhecidos se viverem no amor (Jo 13,35). E o amor é a razão principal da comunidade. Foi pedido à comunidade uma conversão e uma mudança de vida, tendo por base a Palavra de Deus. Outra coisa boa: eles detestam os nicolaítas. Quem são eles? Pouco se sabe sobre esse grupo e seus princípios. Os nicolaítas teriam sofrido influência

> [...] nas ideias gnósticas. Os gnósticos desprezavam a matéria e o corpo e exaltavam os valores do espírito. Influenciados por essas ideias, alguns cristãos afirmavam que queimar um pouco de incenso aos ídolos ou dobrar os joelhos diante do imperador era coisa material que não atingia o espírito nem significava renegar a fé em Jesus.[16]

---

[16] MESTERS, Carlos; OROFINO, Francisco. *Apocalipse de São João*. A teimosia da fé dos pequenos. Petrópolis: Vozes, 2003. p. 129.

Cristãos assim são detestáveis para o autor. Hão de ser fiéis aos ensinamentos de Jesus e manterem-se firmes na fé e na prática da Palavra de Deus.

4. Convite à conversão. A expressão que aparece nessa carta e nas outras – "Quem tem ouvidos, ouça o que o Espírito diz às igrejas" – é um convite forte à conversão. Jesus ensinava em parábolas e utilizou-se muito desta expressão: "Quem tem ouvido, ouça!" (Mt 13,9.43). **"Ter ouvidos** é uma metáfora que aponta além da audição literal para discernir o significado."[17] Feita essa explicação, de agora em diante, só colocaremos a frase do autor que acrescenta *o que o Espírito diz às igrejas*.

5. Prêmio ao vencedor. Comer da árvore da vida que está no paraíso de Deus. Aqui temos de voltar lá em Gênesis 2,9, no paraíso terrestre, e ir também para o final do Apocalipse, que mostra um Novo Céu e uma Nova Terra e a Nova Jerusalém, onde há a árvore da vida, que dará frutos doze vezes ao ano e suas folhas servem para curar as nações (22,2).

---

[17] CARTER, Warren. *O Evangelho de São Mateus*: comentário sociopolítico e religioso a partir das margens. Tradução de Walter Lisboa. São Paulo: Paulus, 2002. p. 328.

2. Esmirna (2,8-11)

1. A QUEM SE DIRIGE... é ao Anjo e a toda a comunidade de Esmirna[18], cidade construída no tempo de Alexandre Magno, por volta de 330 a.C. Tornou-se importante porto e uma rota comercial entre Éfeso e também Pérgamo. Em 133 a.C., passou sob o controle de Roma. Lá havia o culto imperial, templo dedicado à deusa Roma. Por sua fidelidade à Roma, era conhecida como a *Cidade Fiel*.

2. ASSIM DIZ... Jesus é apresentado como o Primeiro e o Último, aquele que esteve morto, mas voltou à vida (1,17-18). Jesus está vivo e ressuscitado e só Ele é o princípio e o fim de tudo, ou seja, o primeiro e o último.

3. CONHEÇO... tanto a tribulação, quanto a pobreza. Pediram a eles para não terem medo do sofrimento que vai chegar, pois o diabo (palavra em grego: *diabollo* que significa adversário, inimigo, aquele que divide e separa) iria levar alguns para a cadeia e isso seria uma provação passageira (não iria durar mais do que dez dias), já que Esmirna era considerada, por Roma, como cidade fiel. O autor refor-

---

[18] Em relação às informações gerais, sobre as cidades das comunidades, vamos utilizar algumas informações contidas no livro: *Apocalipse de São João*, de Carlos Mesters e Francisco Orofino: Esmirna, p. 130-131; Pérgamo, p. 136-137; Tiatira, p. 140-141; Sardes, p. 147-148; Filadélfia, p. 155; e Laodiceia, p. 161-162.

ça essa ideia de fidelidade à Palavra de Deus até à morte e que receberá como prêmio a coroa da vida. Antigamente, os atletas recebiam, como prêmio, uma coroa de folhas de louro e eram considerados vencedores, heróis. O autor promete, para quem morrer, o prêmio de uma coroa de vida. Essa carta também utiliza a expressão sinagoga de Satanás para os judeus que andavam blasfemando (2,9) e mentindo (3,9).

Naquele tempo, a palavra *sinagoga* significava *reunião* ou *assembleia*. A palavra *satanás* significava *adversário*, os do contra. Esses adversários poderiam ser judeus fariseus ou judeus cristãos. A expressão *sinagoga de satanás* designava o grupo adversário que pensava diferente e seguia outro rumo.[19]

Era então um grupo adversário que pensava diferente, só isso, mais nada.

4. Convite à conversão. "Quem tem ouvidos, ouça o que o Espírito diz às igrejas."

5. Prêmio ao vencedor. O vencedor ficará livre da segunda morte. A morte corporal, que todos nós haveremos de ter no final da vida. Jesus também passou por ela e ressuscitou, mas o autor quer deixar claro que haverá um dia em que Deus matará a própria morte, o que Ele chama de

---

[19] MESTERS, Carlos; OROFINO, Francisco. *Apocalipse de São João*. A teimosia da fé dos pequenos. Petrópolis: Vozes, 2003. p. 135.

segunda morte (20,14) – explicaremos melhor isso no capítulo 20. Aí teremos a imortalidade, ou seja, uma vida eterna.

3. Pérgamo (2,12-17)

1. A QUEM SE DIRIGE... É ao anjo e à comunidade de Pérgamo, cidade antiga e capital da Mísia. Era um centro de arte e de ciência, conhecido pela manufatura do couro de carneiros, em que havia os pergaminhos que se utilizavam na época para a escrita. Havia templo dedicado à deusa Roma e culto imperial. Segundo os historiadores, nos tribunais, nos jogos e nos banquetes oficiais, usava-se uma pedrinha branca, que simbolizava a inocência, prêmio ou convite.

2. ASSIM DIZ... "Aquele que tem a espada afiada, de dois cortes." Espada afiada de dois cortes ou gumes refere-se à Palavra de Deus, que tem o poder de julgar. Jesus é então o Juiz e é um apelo também para discernir o que Deus quer de cada um ou da comunidade.

3. CONHEÇO... O lugar onde você mora: é aí, onde fica o trono de Satanás. Como assim? Em Pérgamo,

> destacava-se o templo a Zeus Salvador, principal divindade da religião grega. O altar desse templo, todo em mármore

branco com frisos de ouro, destacava-se na paisagem. Era o que o *Apocalipse* chama de *trono de satanás* (Ap 2,3)[20].

Pode também estar relacionado com o trono do governo, pois essa cidade era capital da nova província romana da Ásia, em 133 a.C. Lá a propaganda e a ideologia do Império eram muito fortes. Mas a comunidade mantém firme o nome de Jesus e não renega a fé. Porém, tem algo ruim: muita gente segue a doutrina de Balaão, acusado de desviar o povo de Israel do bom caminho para se prostituir com as filhas de Moab (Nm 25,1-3; 31,16) – sobre prostituição no Apocalipse, explicaremos no capítulo 17 –, acusado de ser enganador, mentiroso e traidor. O apelo é claro: "Vamos! Converta-se!". Esse é o apelo aos que estão desviados do caminho de Deus e seguem outros caminhos.

4. Convite à conversão. "Quem tem ouvidos, ouça o que o Espírito diz às igrejas."

5. Prêmio ao vencedor. Darei um prêmio: maná escondido. Darei também uma pedrinha branca a cada um. Nela está escrito um novo nome, que ninguém conhece; só quem recebeu. Os cristãos interpretam o maná escondido como sendo a eucaristia, a hóstia consagrada, que é o cor-

---

[20] MESTERS, Carlos; OROFINO, Francisco. *Apocalipse de São João*. A teimosia da fé dos pequenos. Petrópolis: Vozes, 2003. p. 136.

po e o sangue de Jesus. Em relação à pedrinha branca, já colocamos que era um costume, nesta cidade, utilizá-la nos tribunais, como símbolo de inocência, nos jogos, como prêmio, e nos banquetes, como convite pessoal. O nome que ninguém conhece, exceto o que recebe a pedrinha branca, pois lá está seu nome, pode estar ligado à identidade pessoal e a uma vida nova em Jesus.

4. Tiatira (2,18-28)

1. A QUEM SE DIRIGE... É ao anjo, que é o coordenador, e a toda a comunidade de Tiatira. Era uma cidade pequena e não estava entre as cidades badaladas e importantes da época. Ficava próxima de Pérgamo e Sardes. Havia várias indústrias de metais, como o bronze e o ferro. Era também forte no setor comercial, principalmente no que se refere aos tecidos. Havia culto imperial e a principal divindade da cidade era Apolo, o deus-sol.

2. ASSIM DIZ... "O Filho de Deus, que tem os olhos como chamas de fogo e os pés como bronze em brasa." Essa imagem já havia parecido em 1,14-15. Apresentação um pouco estranha para nós, mas muito clara para a comunidade.

Boa parte deles ganhava a vida lidando com fogo e metais. Sabiam fabricar *cetros,* símbolos do poder, que despedaçam os *potes de barro* de um só golpe. [...] Jesus tem pés de bronze em brasa, símbolo da estabilidade que desestabiliza tudo o que promove falsos absolutos. [...] Aos metalúrgicos de Tiatira Jesus apresenta-se como metalúrgico. Isso nos estimula a pensar, para os trabalhadores de hoje, num rosto de Jesus que seja aderente a sua vida.[21]

É bonito ver Jesus ser apresentado com o rosto de um trabalhador e que participa da vida do povo sofrido, que luta por justiça e um mundo melhor. É uma chamada de atenção para obter sabedoria, discernir o certo do errado, o que é bom do que é mau e ter estabilidade e firmeza nos ideais de vida, além de destruir tudo aquilo que é falso e que não constrói a vida.

3. Conheço... Principalmente o amor, a fé, toda a dedicação e também a perseverança da comunidade para se manter firme de acordo com a Palavra de Deus. Muitos dela não seguem falsas doutrinas nem os falsos profetas. Eles continuam firmes nas boas-obras. Ocorre que, por outro lado, há aqueles que são seduzidos pela falsa profetisa, Jezabel, que ensina e seduz alguns para se prostituírem e comerem carnes sacrificadas aos ídolos. Para quem conhece um pouco do Antigo Testamento, sabe que Jezabel (1Rs 16,31–21,23) foi a esposa do rei Acab (874/853 a.C.), em Israel do Norte; dentre outros pecados graves, ela é acusa-

---

[21] BORTOLINI, José. *Como ler o Apocalipse*. São Paulo: Paulus, 1994. p. 39-41.

da de idolatria, levando muitos do povo a adorarem o deus Baal, que era tido como deus da chuva e fertilidade, em que havia um ritual de prostituição e imoralidades que era chamado de "prostituição sagrada".[22] Perseguiu o profeta Elias, mandou matar Nabot e perverteu muitos israelitas, desviando-os do caminho do verdadeiro Deus. João pede que eles se convertam e mudem de vida, pois cada um será julgado de acordo com sua conduta. Quando se diz: "Sobre vocês eu não coloco outro peso" (2,24), pode ser uma alusão ao concílio de Jerusalém, em que na carta conciliar decide-se não colocar nenhum peso ou fardo e pede aos pagãos convertidos que não comam carnes sacrificadas aos ídolos e evitem imoralidades (cf. At 15,28-29).

4. Prêmio ao vencedor. Autoridade sobre as nações, em que o vencedor que observar a conduta de Jesus governará com cetro de ferro para quebrar as nações, como vasos de barro e também a Estrela da manhã. Vimos que boa parte do povo de Tiatira trabalhava com fogo e metais e sabia fabricar cetros de ferro, espécie de bastão curto usado

---

[22] Havia antigamente um ritual da prostituição sagrada, no qual os sacerdotes de Canaã e nações vizinhas diziam que o deus Baal era o deus da fertilidade e da chuva. Para isso, eram escolhidas várias moças que deveriam ficar no templo de Baal, e os camponeses, que ofereciam mais alimentos de graça aos sacerdotes, tinham o privilégio de dormir e terem relacionamento sexual com elas dentro do templo, e isso ficou conhecido como prostituição sagrada (1Rs 14,24; 15,12; 22,47 etc.).

pelos reis e generais para governar e que, com um só golpe, despedaçava os vasos de barro ou nações de barro. Jesus diz que Ele é a brilhante estrela da manhã (22,16). Pode ter também relação com: "De Jacó sobe uma estrela, de Israel surge um cetro" (Nm 24,17).

5. CONVITE À CONVERSÃO. "Quem tem ouvidos, ouça o que o Espírito diz às igrejas."

5. Sardes (3,1-6)

1. A QUEM SE DIRIGE... É ao anjo (coordenador) e à comunidade de Sardes. No passado, havia sido capital do reino da Lídia. Na época do Apocalipse, já havia perdido sua fama e importância. Vivia de olho na glória antiga. Havia sido destruída por um terremoto, no ano 17 d.C., e foi reconstruída pelo Imperador Tibério. Havia o culto imperial. O destaque dessa cidade era a indústria têxtil e os tecidos de lã.

2. ASSIM DIZ... Aquele que tem os sete Espíritos e as sete estrelas. Os sete Espíritos são toda a plenitude e perfeição do Espírito e da sabedoria divina. As sete estrelas, conforme já vimos, são os(as) sete coordenadores(as) das comunidades. O certo é que Jesus está no meio das comunidades e caminha com elas ao longo da história.

3. Conheço... A conduta da comunidade que tem fama de estar viva, mas, na verdade, está morta. Foi pedido que ela prestasse atenção, fosse fiel à Palavra de Deus que havia recebido. Pedira-se a prática dessa Palavra e a conversão para não deixar morrer o que ainda continua vivo. Acima de tudo, havia uma exortação forte para a vigilância para que não fosse surpreendida, por não saber a hora em que Jesus viria – Ele virá como um ladrão. Aqui ficam claros os ensinamentos de Jesus sobre a vigilância (Mt 24,32–25,13). O alerta é: fiquem sempre preparados, vocês não sabem nem o dia nem a hora. O importante é praticar o bem e não sujar a roupa. Roupa tem a ver com a identidade da pessoa. Sujar é seguir o caminho de opressão, de exploração e da mentira dos poderosos. Somente as pessoas dignas do evangelho vão usar roupas brancas.

4. Prêmio ao vencedor. Vestir roupa branca, e o nome dele não se apagará do livro da vida, e Jesus vai dizer o nome dele diante de Deus Pai. Segundo notícias da época, Sardes premiava os atletas que venciam com vestes brancas, mesmo porque era a cidade que tinha uma grande indústria têxtil. Ter roupa branca significava manter-se limpo, ou seja, ser fiel à Palavra de Deus, e, com isso, seu nome estará no livro da vida. São os que não se deixaram "sujar" pela mentira e exploração dos poderosos.

5. Convite à conversão. "Quem tem ouvidos, ouça o que o Espírito diz às igrejas."

6. Filadélfia (3,7-13)

1. A QUEM SE DIRIGE... Ao(à) coordenador(a) e a toda a comunidade de Filadélfia. Nome composto por duas palavras gregas: *filo*, no sentido de amar, ter afeição por, e *adelphos*, irmãos. Lembra fraternidade: amor aos irmãos. Jesus é aquele que ama a comunidade: "eu amo você" (3,9). Filadélfia era uma pequena cidade que ficava próxima a Sardes e Colossas. Foi fundada por Átalo Filadelfo, rei de Pérgamo, mais ou menos em 140 a.c., cidade que possuía terras férteis para a agricultura, foi construída sobre uma região vulcânica e destruída várias vezes devido aos terremotos. Em todas as cartas, aparece uma grande ligação entre a realidade local e seu conteúdo. É uma cidade com *pouca força,* fraca, mas que tem uma comunidade que persevera no amor aos irmãos e na Palavra de Deus. Havia o culto ao Imperador e muitos templos dedicados aos deuses do Império Romano.

2. ASSIM DIZ... "O Santo, o verdadeiro, aquele que tem a chave de Davi, aquele que abre e ninguém fecha, aquele que fecha e ninguém mais abre" (3,7). Essa apresentação mostra o poder de se ter as chaves e ser a porta. Mas isso só é entendido se voltarmos à realidade social da época e dessa cidade, onde havia um templo dedicado ao deus Jano.

O templo desse deus conservava as *portas fechadas* em tempos de paz e *abertas* em tempos de guerras. Jano era a divindade das portas. [...] Jano marcava o início do ano no império (daí vem o nome *janeiro*). Assim Jano dava as regras do jogo, pois decidia se o ano seria de paz ou de guerra.[23]

Contra a pretensão de Roma e dos imperadores que consideravam que só eles tinham o poder e detinham as chaves, Jesus é apresentado como o único, o Santo, o verdadeiro, e só Ele tem a Chave da história, da morte e da vida (cf. 1,18). Só Jesus pode colocar "uma porta aberta, que ninguém mais poderá fechar" (3,8). Jesus afirma: "Eu sou a porta. Quem entra por mim, será salvo" (Jo 10,9).

3. Conheço... Jesus sabe que a comunidade tem pouca força, mas que guardou sua Palavra e não o renegou, e afirma algo maravilhoso: "Eu amo você" (3,9). Com seu modo de ser e agir, Jesus mostrou aos homens e às mulheres que Deus é amor. Diz que vai manter a porta aberta do amor, que vai guardar a todos na hora da tentação, e diz: "Eu venho logo!" (3,11). Essa questão da vinda em breve de Jesus ou parusia[24] era uma realidade muito presente nas primeiras comunidades. A comunidade deve permanecer fiel à Pala-

---

[23] BORTOLINI, José. *Como ler o Apocalipse*. São Paulo: Paulus, 1994. p. 44.

[24] Parusia vem da palavra grega *parousia*, cujo sentido é presença ou vinda. Parusia foi entendida como a segunda vinda de Jesus ou sua vinda gloriosa no final dos tempos. Paulo escreve muito sobre isso em sua primeira carta aos Tessalonicenses. Se você quiser saber mais sobre a parusia nas primeiras comunidades cristãs, leia o meu livro: ALBERTIN, Francisco. *Explicando as cartas de São Paulo*. 4 ed. Aparecida: Santuário, 2010. p. 44-47.

vra de Deus e no amor aos irmãos. Terá sempre a proteção e o amor de Jesus.

4. Prêmio ao vencedor: é o mais longo e complicado de todas as cartas; afirma que ao vencedor será dada uma coluna no templo de meu Deus e ficará firme para sempre. Será gravado nele o nome de Deus, da Nova Jerusalém e o nome novo de Jesus. Novamente temos de voltar na época em que foi escrita essa carta. Dizem que, em Filadélfia, erguiam-se colunas em homenagens aos sacerdotes que tivessem oferecido culto ao imperador e lá era gravado seu nome. Ao vencedor em Jesus, também se erguerá uma coluna no templo que ficará firme, sem ser destruída por terremoto ou qualquer outra coisa, e esses vencedores terão gravados os nomes de Deus, da Nova Jerusalém, que não terá templos, pois Jesus é o Único templo, e do novo nome de Jesus – sobre a Nova Jerusalém, falaremos no capítulo 21. E o novo nome de Jesus possivelmente é: Palavra de Deus (19,13).

5. Convite à conversão. "Quem tem ouvidos, ouça o que o Espírito diz às igrejas."

7. Laodiceia (3,14-22)

1. A quem se dirige... A toda a comunidade de Laodiceia, que era uma cidade muito rica, diferentemente de outras cidades que eram pobres e sem expressão. Era famosa por muitas coisas: era um centro bancário, tinha ouro, uma indústria têxtil com destaque para a lã preta. Era também famosa por suas águas termais, por estar em uma área vulcânica. Da terra, brotavam as águas mornas, chamadas de "milagrosas". Só para comparar: semelhante a Poços de Caldas, cidade mineira, famosa por suas águas termais. Laodiceia também se destacava pela fabricação de uma pomada para os ouvidos e de um colírio. Foi fundada por Antíoco II, por volta de 250 a.C., na região da Frígia, na Ásia Menor. Diz-se que, no ano 60 d.C., a cidade foi destruída por um terremoto e o Senado Romano teria oferecido dinheiro para reconstruí-la. O mesmo foi recusado, pois havia muita riqueza e não era preciso o dinheiro de ninguém. Isso fez com que muitos a considerasse rica e autossuficiente, o que fica claro ao longo dessa carta, que sempre expressa a realidade local da comunidade.

2. Assim diz... O Amém, a Testemunha fiel e verdadeira, o Princípio da criação de Deus. O Amém talvez seja o mais difícil de entender, mas está unido à Testemunha fiel e verdadeira. Significa, de um modo geral, aquilo que é verdadeiro, de acordo com a Palavra de Jesus. É ser fiel a esta Palavra, mesmo que isso leve à morte, como levou Jesus a morrer em uma cruz, por sua fidelidade a esta Palavra. Testemunha fiel e verdadeira tinha a ver com aqueles e aquelas que morriam como mártires e fiéis à Palavra de Deus. O princípio da criação de Deus pode estar relacionado com o Novo Céu e uma Nova Terra do Apocalipse 21, ou a nova criação que nos fala no evangelho de São João, em que Jesus nos dá o Espírito.

3. CONHEÇO... "Sua conduta: você não é frio nem quente. Quem dera que fosse frio ou quente! Porque é morno, nem frio, nem quente, estou para vomitar você de minha boca" (3,15-16). Eles pensam que são ricos e que não precisam de nada e de ninguém. O dinheiro e a fama, que possuíam, faziam-nos autossuficientes. Jesus pede para eles escutarem bem – lembre-se de que a cidade fabricava uma pomada "milagrosa" para os ouvidos. "Você é infeliz, miserável, pobre, cego e nu. E nem sabe disso" (3,17). E para isso mudar, Jesus dá alguns conselhos: 1. comprar o ouro dele, que é puro, não o ouro como poder econômico e símbolo de riqueza passageira. O ouro maior é a Palavra de Deus, a Salvação e a vida eterna. É ajuntar tesouros e riquezas no céu (cf. Mt 6,19-21); 2. comprar as roupas brancas de Jesus, sentido inverso de roupas pretas que eles fabricavam, não só isso, mas de assumir a roupa branca, que lembra a vitória da ressurreição e da vida sobre a morte, fidelidade à Palavra de Deus e identidade verdadeira dos cristãos; 3. só Jesus possui o verdadeiro colírio para que as pessoas possam enxergar bem. Ver e enxergar estão no sentido de tirar o véu e conhecer a verdade. Uma comunidade que enche os olhos é aquela que vive no amor, mantém firme na fé e cumpre a Palavra de Deus. É uma das cartas, ou melhor, a carta em que Jesus é mais duro em sua correção; por outro lado, demonstra que repreende aqueles que ama. Nesse caso, exige: seja frio ou quente, tome uma posição, ou seja, ficar ao lado do Império Romano e ter regalias e riquezas ou assumir de vez que é cristão, que se compromete com a luta da justiça e da vida e que segue os ensinamentos de Jesus. Se for morno, será vomitado – palavra forte que dá sentido de nojo e mal-estar. O Império Romano é considerado como vômito no episódio entre a Mulher e o Dragão (12,15-16). Por outro lado, a comunidade que pensa ser rica e feliz por seu ouro, tecidos, colírio e águas medicinais, na verdade é *infeliz, miserável, pobre, cega e nua.* Depois dos três conselhos, surge outro ainda mais desafiador: "Quanto a mim, repreendo e educo todos aqueles que amo. Portanto, seja fervoroso e mude de vida!" (3,19). Jesus quer a conversão e diz: "Já estou chegando e batendo à porta. Quem ouvir minha voz e abrir a porta, eu entro em sua casa e janto com ele, e ele comigo" (3,20). "Ser porta e ouvir a voz de Jesus" lembram-nos João 10,9-10, e quanto a entrar em casa e fazer uma refeição, leia João 14,23-24.

4. PRÊMIO AO VENCEDOR. "Vai sentar-se comigo em meu trono, como também eu venci, e estou sentado com meu Pai no trono dele." Trono, aqui, está no sentido de governar. Quem governa o mundo não é o Império Romano, é Deus. Jesus também venceu a morte, foi fiel à Palavra de

Deus e, por isso, está sentado no trono do Pai. Foi pedido à comunidade de Laodiceia para tomar uma posição e não ficar em cima do muro e ser morna: seguir a Jesus ou ao Império Romano. É evidente que esse trono tem tudo a ver com a visão do trono, que se inicia no capítulo 4, conforme veremos a seguir. Na verdade, as cartas são mensagens importantes para as primeiras comunidades, para nós hoje e para as comunidades do futuro, que nos convocam para uma conversão e mudança de vida.

Finalizando...

5. Convite à conversão. "Quem tem ouvidos, ouça o que o Espírito diz às igrejas."

4. A VISÃO DO TRONO (4-5)

Diz o livro do Apocalipse:

> Depois de escrever as cartas às igrejas, eu, João, tive uma visão. Havia uma porta aberta no céu, e a primeira voz, que eu tinha ouvido falar-me como trombeta, disse: "Suba até aqui, para que eu lhe mostre as coisas que devem acontecer depois dessas". Imediatamente o Espírito tomou conta de mim (4,1-2a).

Neste começo de estudos, só houve até agora uma visão (1,9-20) – já a explicamos –, depois vieram as sete cartas (2–3), que possuem um estilo diferente de todo o restante do livro do Apocalipse, como dissemos, e que contêm uma mensagem de Jesus para todas as comunidades daquele tempo (não só para as sete), bem como para as comunidades de hoje e do futuro.

Prepare-se! Pois agora começa a essência do Apocalipse (4–22) e das várias visões, sendo que, com a luz do Espírito Santo, queremos juntos tirar o véu e enxergar com clareza a Boa-Nova maravilhosa que o Apocalipse nos comunica. Esse texto pode ter sido (ou não) inspirado em Ez 2,2 e Dn 2,18-20. Conforme vimos, João serve-se de textos do Antigo Testamento, do Novo Testamento e tem muita liberdade em relação a eles.

Estamos já diante de um desafio: como interpretar essa porta aberta no céu e também que o Espírito tomou conta de João?

Afirmamos, em nossa *introdução*, a necessidade de tirar o véu dos olhos para entender bem o Apocalipse. Não podemos entender essas visões como se fossem físicas e de modo literal. Visões são visões e supõem uma experiência de fé, é interior. Vários autores, em seus escritos e inspirações divinas, *no Espírito*, recebem gratuitamente o dom de Deus para escrever e partilhar seus conhecimentos, ideias e opiniões do modo pelo qual podemos entender melhor a Palavra de Deus, especialmente o Apocalipse. Em 4,2, há: *"O Espírito tomou conta de mim"* – tradução da Bíblia Pastoral; *"Apoderou-se de mim o Espírito"* – tradução da Bíblia do Peregrino; *"Fui arrebatado pelo Espírito"* – tradução feita pela Bíblia TEB. Vejamos o que alguns escritores nos dizem:

> Subir ao céu pela porta aberta não quer dizer sair deste mundo e refugiar-se no céu. Pelo contrário, o que se pede a João é que, pela força do Espírito, faça a leitura da história a partir do projeto de Deus (céu), mantendo os pés no chão da caminhada.[25]

---

[25] BORTOLINI, José. *Como ler o Apocalipse*. São Paulo: Paulus, 1994. p. 50.

4. A Visão do Trono (4-5)

Em síntese, "ser arrebatado em espírito" e seu paralelo "ser transportado em espírito" são *expressões linguísticas* e devem ser entendidas como tais, no sentido de "estive fora de mim". Não são visões físicas, mas proféticas do homem de fé. As expressões "e vi", "e me mostrou", "estive em espírito" tinham por finalidade destacar que a mensagem (visões) do Ap *origina-se em Deus,* não na criação de João. Ou seja: são palavras de Deus – sob a forma de visões – nas palavras de João.[26]

João narra, nas palavras que lhe estão disponíveis, o que ele experimentou "no espírito". [...] É, antes, o resultado literário da reflexão de João a respeito de sua experiência à luz de seu profundo conhecimento da Escritura hebraica, do mundo imperial romano na Ásia e sua fé em Jesus. Em todas as épocas, os místicos sempre enfrentaram a difícil tarefa de "traduzir" experiências inefáveis em linguagem comum.[27]

Feita essa explicação, vamos direto ao texto e à visão.

1. Texto e contexto

Havia no céu um trono e, no trono, alguém sentado. Aquele que estava sentado parecia uma pedra de jaspe e

---

[26] ARENS, Eduardo; MATEOS, Manuel Díaz. *O Apocalipse*: a força da esperança. Tradução de Mário Gonçalves. São Paulo: Loyola, 2004. p. 114.

[27] HOWARD-BROOK, Wes; GWYTHER, Anthony. *Desmascarando o imperialismo.* Interpretação do Apocalipse ontem e hoje. Tradução de Bárbara Theoto Lambert, São Paulo: Loyola e Paulus, 2003. p. 176.

cornalina; um arco-íris envolvia o trono com reflexos de esmeralda. Ao redor desse trono havia outros vinte e quatro; e neles vinte e quatro Anciãos estavam sentados, todos eles vestidos de branco e com uma coroa de ouro na cabeça. Do trono saíam relâmpagos, vozes e trovões. Diante do trono estavam acesas sete lâmpadas de fogo, que são os sete Espíritos de Deus. Na frente do trono havia como que um mar de vidro, como cristal. No meio do trono e ao redor estavam quatro Seres vivos, cheios de olhos pela frente e por detrás. O primeiro Ser vivo parece um leão; o segundo parece um touro; o terceiro tem rosto de homem; o quarto parece uma águia em pleno voo. Cada um dos quatro Seres vivos tem seis asas e são cheios de olhos ao redor e por dentro (4,2-8).

Esse texto sobre o trono pode ter sido inspirado na visão do profeta Ezequiel, especificamente nos capítulos 1 e 10.

Caro leitor e leitora, quando aparecerem essas citações, você é livre para lê-las ou não, pois há possibilidade de João ter sido inspirado nelas ou não, bem como em outros textos ou em si mesmo, pois trata-se de uma experiência de fé e interior. Todavia, ao ler os textos, você verá que há pontos semelhantes e também diferenças, porque os autores antigos tinham também seus objetivos e modo de escrever. João conhecia muito bem as Escrituras, sua realidade social e sua fé em Jesus Cristo, além de querer incentivar as comunidades a se manterem firmes na fé em Jesus, diante do Dragão do mal, que era o Império Romano. Se se decidir pela leitura das citações, será inútil que se faça de modo literal ou que fique procurando a causa de tudo, pois João não se prende a elas e tem liberdade de modificá-las a sua maneira e do modo que achar melhor e conveniente.

Quando fala em trono, lembra o poder e aquele que governa, lembra também o Juiz, aquele que julga, decide e dá a sentença. Os Imperadores Romanos tinham seus tronos e o poder. Nada melhor que começar as visões pelo trono e dizer às comunidades, a quem de fato tinha o poder e governava a história: era Deus e não os Imperadores Romanos. Vivendo num contexto social de exploração, fome, guerra, violência e até mortes, lentamente João mostra a seus leitores "uma nova história" vinda do céu e que tem uma ação direta na terra. O objetivo é mostrar que só Deus governa o mundo e tem o poder sobre tudo e todos.

2. Tirando o véu

• *Trono e, no trono, alguém sentado*: sentar-se no trono significa ter poder para governar sobre as nações, ser também juiz. Esse alguém sentado, que num primeiro momento não é revelado, em 4,8.10-11, fica claro que é Deus.

• *Aquele que estava sentado parecia uma pedra de jaspe e cornalina; um arco-íris envolvia o trono com reflexos de esmeralda:* Deus é apresentado como alguém precioso, mais do que pedras preciosas, como *jaspe e cornalina. O arco-íris* lembra a aliança de Deus com a humanidade na época de Noé (Gn 9,12-17). Lembra amor, carinho, perdão, vida nova.

• *Vinte e quatro Anciãos sentados em tronos, vestidos de branco e com uma coroa de ouro na cabeça:* 12 tribos no Antigo Testamento, simbolizadas pelos 12 filhos de Jacó, que representam Israel e os 12 Apóstolos, que significam o Novo Testamento e o Reino de Deus inaugurado por Jesus. É uma imagem linda e a união entre todas as fases da história e que constitui o único povo de Deus, todos juntos e unidos. Eles também têm poder ao lado de Deus para governar e julgar: "Jesus respondeu: 'Eu garanto a vocês: no mundo novo, quando o Filho do Homem se sentar no trono de sua glória, vocês, que me seguiram, também se sentarão em doze tronos para julgar as doze tribos de Israel'" (Mt 19,28).

• *Vestidos de branco e com uma coroa de ouro. Veste branca* lembra a ressurreição de Jesus e a vitória da vida sobre a morte. *Coroa de ouro* lembra realeza e governo, prêmio ao vencedor. O 24 – que é a soma de 12 mais 12 – é simbólico, pode estar relacionado com o número 3, que é a totalidade divina: Pai, Filho e Espírito Santo, ou Céu, Terra e Mar, simbolizando a criação divina, multiplicado por 4, que é a totalidade humana: os quatro pontos cardeais da terra – norte, sul, leste e oeste –, ou aos elementos da criação – fogo, água terra e ar. Este 24 quer dizer todos e todas que, em sua vida, mantiveram-se fiéis aos ensinamentos de Jesus e foram suas testemunhas, seja como mártir, seja como alguém que doou a vida em busca do amor, da justiça e da paz.

4. A Visão do Trono (4-5)

- *Relâmpagos, vozes e trovões:* lembram a aliança de Deus com o povo, por meio dos 10 mandamentos (Êx 19,16; 20,18). São símbolos da presença de Deus que caminha com seu povo, como quem tem poder sobre a natureza e tudo o que existe.

- *Sete lâmpadas de fogo, que são os sete Espíritos de Deus:* sete é o número da perfeição, totalidade, plenitude. *Sete Espíritos:* conhecimento e sabedoria plena, vida plena.

- *Um mar de vidro, como cristal:* mar, na Bíblia, é símbolo das forças do mal, do caos e da desordem. O mal não tem mais poder, foi vencido e agora ele é de vidro, como cristal.

- *Quatro seres vivos, cheios de olhos pela frente e por detrás, ao redor e por dentro e com seis asas:* por sair do meio do trono significa toda a criação de Deus. *Olhos pela frente, por detrás, ao redor e por dentro:* no sentido de verem tudo e de conhecimento do futuro (de frente), do passado (detrás), do presente e das coisas que o circundam (ao redor) e até das profundezas (por dentro). *Seis asas:* rapidez, mobilidade, versatilidade.

- *Leão:* Rei ou o animal mais forte entre os animais selvagens.

- *Touro:* Rei ou o animal mais forte entre os animais domésticos.

- *Homem:* e também a mulher, criados à imagem e semelhança de Deus para governar, no sentido de cuidar com carinho de todos os animais existentes (Gn 1,26-28). Rei e Rainha de toda a criação.

- *Águia em pleno voo:* Rainha e a mais forte entre as aves. Esperteza, agilidade, mobilidade. Revela em seu voo toda a leveza e a beleza de criação.

- *Os seres vivos e os vinte e quatro Anciãos:* simbolizando toda a obra da criação, dia e noite, proclamam sem parar:

> Santo! Santo! Santo!
> Senhor Deus Todo-poderoso!
> Aquele-que-é, que era e que-vem! (4,8).

Eles também dão glória, honra e ação de graças ao que está sentado no trono, e que vive para sempre e o adoram proclamando:

> Senhor, nosso Deus, tu és digno de receber a glória, a honra e o poder. Porque tu criaste todas as coisas. Por tua vontade elas começaram a existir e foram criadas (4,11).

Conforme já dissemos, a liturgia, o canto, o louvor, tudo está muito presente na vida do povo e ao longo de todo o livro do Apocalipse. A liturgia no "céu", com certeza, tinha tudo a ver com a celebração litúrgica na terra, inclusive as letras dos cânticos. É festa no céu e na terra também.

3. Em poucas palavras

João quer dizer a todas as comunidades e aos cristãos que só Deus tem o poder, a glória e a honra para sempre. Ele é o juiz e governa ao lado de todos aqueles que, na vida e na terra, procuram dar testemunho de seu filho Jesus e seguem seus ensinamentos. Mesmo que alguns sejam mortos e martirizados, lá no céu, eles recebem as vestes brancas, que é a ressurreição e a vida nova, e como vencedores, recebem uma coroa de ouro para governarem ao lado de Deus. É ilusão e pretensão dos imperadores se sentirem donos e senhores do mundo, pensarem que têm o poder, a glória e a honra, mas esses atributos pertencem só a Deus que vive para sempre. Os imperadores e detentores do poder, um dia, vão morrer e serão julgados por Deus e pelos 24 Anciãos. Eles não terão escapatória. Deus é o Senhor do mundo, da história, da vida e da eternidade. Fiquem tranquilos, procurem viver na fé, no amor e em paz! O Apelo para aquela época, hoje e sempre é manter-se firmes na fé, na profecia, no anúncio, na denúncia e, principalmente, nas boas-obras, pois o bem sempre vence o mal.

5. O CORDEIRO E O LIVRO

O capítulo 5 é fundamental e essencial para a compreensão de todo o livro do Apocalipse, pois, pela primeira vez, aparecem o Cordeiro e o livro lacrado com sete selos. O Apocalipse é um livro misterioso que desperta curiosidade e, ao revelar uma coisa, aparece outra diferente e assim se vai. Continuando a visão do trono, João tem uma visão enigmática, mas, ao mesmo tempo, fácil de entender pela clareza com que é apresentada. Vamos ao texto.

1. Texto e contexto

Vi depois um livro na mão direita daquele que estava sentado no trono. Era um livro escrito por dentro e por fora, e estava lacrado com sete selos. Vi então um anjo forte que proclamava em alta voz: "Quem é capaz de romper os selos e abrir o livro?" Ninguém, nem no céu, nem na terra, nem no mundo dos mortos, era capaz de abrir o livro

ou ler o que nele estava escrito. Eu chorava muito, porque ninguém foi considerado capaz de abrir ou ler o livro. Um dos Anciãos me consolou: "Pare de chorar! O leão da tribo de Judá, o Rebento de Davi venceu! Ele é capaz de romper os selos e abrir o livro".
De fato, vi um Cordeiro. Estava entre o trono com os quatro Seres vivos e os Anciãos. Estava de pé, como que imolado. O Cordeiro tinha sete chifres e sete olhos, que são os sete Espíritos de Deus enviados por toda a terra. Então, o Cordeiro veio receber o livro da mão direita daquele que está sentado no trono (5,1-7).

Tudo gira em torno do livro lacrado com sete selos e do Cordeiro, o único que tem o poder de abri-lo. Se você observar bem no capítulo 4, na visão do trono que continua neste capítulo, não aparecia, num primeiro momento, o Cordeiro que foi imolado e, com seu sangue derramado, adquiriu para Deus toda a humanidade. Claro que este Cordeiro é Jesus.

Muito se discute entre os biblistas e escritores o motivo de Jesus, que é o Cordeiro na visão de João, ter aparecido só num segundo momento. Outra discussão interminável é: o que estava escrito neste livro ou qual era seu conteúdo? Primeira coisa a ser esclarecida: o livro do Apocalipse foi escrito em linguagem apocalíptica e já afirmamos que visões são visões e não podem ser vistas como se fossem físicas ou de modo literal, é uma experiência de fé e interior. Eduardo Arens e Manuel Mateos afirmam que as visões de João não eram para ser imaginadas, mas interpretadas, e que o mundo dos símbolos têm sua própria lógica, a de sugerir mais do que dizer; não são literais, mas literárias e

> por isso acreditamos que "abrir os selos" e "ler o livro" significa ter acesso ao mistério da história e saber ler nela a última palavra que o Deus da salvação tem sobre o mundo. Essa palavra é Cristo. [...] O conteúdo do livro selado é a luz que invade a história desde a ressurreição até a parusia.[28]

José Bortolini mostra que Jesus ressuscitado,

> porque tudo vê e tudo pode, é capaz de abrir o livro da história e mostrar que a vida vence a morte, a justiça triunfa sobre a injustiça. Ele abrirá o livro, e sua vitória é a chave para lermos todos os acontecimentos da história.[29]

Penso que o livro é simbólico e encerra em si a história da humanidade, encontra sua razão de ser nos quatro primeiros selos, conforme vamos estudar em 6,1-8. Mesmo narrando a realidade que acontecia no mundo atual do autor e do Império Romano e suas maldades, ele apresenta aos leitores fatos tidos como sendo do passado, ocorridos

---

[28] ARENS, Eduardo; MATEOS, Manuel Díaz. *O Apocalipse*: a força da esperança. Tradução de Mário Gonçalves. São Paulo: Loyola, 2004. p. 179.

[29] BORTOLINI, José. *Como ler o Apocalipse*. São Paulo: Paulus, 1994. p. 55.

no Antigo Testamento, ao passo que, a partir do quinto selo, vão aparecer fatos que se referem diretamente à comunidade e a Jesus Cristo vivo e ressuscitado, que tem o poder sobre a história, sobre tudo e todos, já no Novo Testamento. Assim, no capítulo 4, na visão do trono, João faz questão de mostrar que Deus-Pai criador detém o livro em sua mão direita e só em 5,7, de modo solene, é que o Cordeiro recebe o livro da mão direita daquele que está sentado no trono, e só Jesus é capaz de romper os selos e abrir o livro (5,5). Em nosso modo de entender, Jesus Cristo torna-se agora um *livro aberto e sem selos*; Ele é o livro, basta olhar para Ele e para os acontecimentos a partir de 6,9 – claro que o autor, simbolicamente, ainda utiliza a abertura dos selos do livro para revelar a história e o julgamento do cordeiro, que é Jesus. A partir de agora, não é necessário mais livro lacrado com selos, Jesus é o livro e apresenta uma nova história. Isso ficará ainda mais compreensível ao longo deste livro que estamos escrevendo para explicar o Apocalipse.

2. Tirando o véu

• *Livro escrito por dentro e por fora:* a história de toda a humanidade, passado, presente e futuro; projeto de Deus.
• *Selo:* era usado em documentos reais, no sentido de autoridade e poder; era uma marca, um lacre e, ao mesmo

tempo, sinal de proteção e garantia. Algo selado é algo secreto e somente quem rompe o selo é capaz de saber o que se tem ali.

• *Sete selos:* sete é perfeição e totalidade, no sentido de ser muito secreto.

• *João que chora:* simboliza o sofrimento de toda a comunidade cristã.

• *Leão da tribo de Judá:* em Gênesis 49,9-10, há: "Judá é um leão de tocaia: [...] Não se afastará de Judá o cetro, nem o bastão do comando". Judá é tido como o antecessor da dinastia davídica (de Davi). Leão é símbolo da força, é o rei dos animais selvagens que rege e governa os demais. É um dos nomes messiânicos do Antigo Testamento e Jesus é tido como o Messias, o ungido, o escolhido, o Filho de Deus.

• *Rebento de Davi:* em Isaías 11,1-2, há: "Um ramo sairá da cepa de Jessé, um rebento brotará de suas raízes. Sobre ele repousará o Espírito do Senhor". Jessé é o pai do Rei Davi. Aqui temos outro nome messiânico do Antigo Testamento. Jesus é chamado de Messias, no Novo Testamento, Ele é o ungido e o escolhido por Deus. Na anunciação do anjo Gabriel a Maria, há:

> Não tenha medo, Maria, porque você encontrou graça diante de Deus. Eis que você vai ficar grávida, terá um filho, e dará a ele o nome de Jesus. Ele será grande, e será chamado Filho do Altíssimo. E o Senhor dará a Ele o trono de seu pai Davi, e Ele reinará para sempre sobre os descendentes de Jacó. E seu reino não terá fim (Lc 1,30-33).

- *Cordeiro com sete chifres e sete olhos:* o cordeiro é Jesus, que foi *imolado*, ou seja, morto, e derramou seu sangue para nos salvar. Ele está de pé, sinal que venceu a morte e agora está vivo. No Evangelho de São João 1,29, Jesus é apresentado como "o Cordeiro de Deus, aquele que tira o pecado do mundo". Lembra também o Cordeiro Pascal, que, com seu sangue colocado nas portas das casas, fez com que o povo fosse libertado da opressão do Egito, do Faraó e, por intermédio de Moisés, fosse libertado, rumo à terra prometida – leia Êxodo 12,1-14. Lembra também os quatro cânticos do servo sofredor de Isaías (42,1-9; 49,1-9; 50,4-11; 52,13–53,12). "Foi oprimido e humilhado, mas não abriu a boca; tal como cordeiro, ele foi levado para o matadouro" (Is 53,7) – se você puder, leia Is 52,13–53,12, em que a tradição cristã tomou esse texto e os três anteriores como sendo Jesus carregando na cruz nossos pecados e derramando seu sangue para nos salvar.

João diz que Jesus não tem nada a ver com a expectativa judaica de um Messias[30] poderoso e guerreiro que venceria os inimigos com a espada e dominaria, como rei político,

---

[30] Se você desejar conhecer um pouco mais sobre o MESSIAS e a expectativa messiânica, leia nosso artigo: FERREIRA, Joel A.; ALBERTIN, Francisco; TEZZA, Maristela in *Fragmentos de Cultura*. O Messias de Quelle, Marcos e Mateus. Goiânia, vol. 16, n. 5/6, p. 447-463, mai./jun. 2006. Também o meu livro: ALBERTIN, Francisco. *Explicando o Novo Testamento*. Os Evangelhos de Marcos, Mateus, Lucas e Atos dos Apóstolos. 3 ed. Aparecida: Santuário, 2011. p. 46-48.

todos os povos. Ele apresenta Jesus como o cordeiro imolado, sendo que seu sangue nos salva e nos dá vida nova. Jesus é o servo sofredor, o cordeiro manso e humilde, capaz de doar a vida. Ele é o rei do amor e do serviço.

Sete olhos: o autor já explica que são os sete Espíritos de Deus, ou seja, possuem todo o conhecimento, toda a sabedoria e toda a vida.

• *Sete chifres:* pode parecer um pouco estranho para nós, mas chifre, na Bíblia, está no sentido de poder.

Na Palestina, daquele tempo, povo de cultura rural, onde o boi era o símbolo do poder, da produção e da posse, o chifre na cabeça tornou-se símbolo do poder. Antigamente, em muitos países, os elmos dos generais tinham dois grandes chifres.[31]

Antigamente sim, mas hoje, na cultura brasileira, ninguém gostaria de ter chifre na cabeça, pois lembra traição conjugal, na linguagem popular.

O cordeiro tem sete chifres, mas o Dragão tinha dez (12,3) e a Besta, que subia do mar, também dez (13,1). Isso quer dizer que o Dragão e a Besta, ambos com dez chifres, que é sinal de poder, tinham mais poder que o Cordeiro, que é Jesus com sete chifes? Não. No Apocalipse temos de entender que dez, neste caso, é menos que sete. Como assim? Dez significa um poder imperfeito e limitado e sete signifi-

---

[31] MESTERS, Carlos; OROFINO, Francisco. *Apocalipse de São João*. A teimosia da fé dos pequenos. Petrópolis: Vozes, 2003. p. 182.

ca a plenitude, a totalidade e a perfeição do poder, que só o Cordeiro possui.

Vejamos agora o canto novo que os santos – no Apocalipse, significam os cristãos –, juntamente com os 24 Anciãos e os 4 Seres vivos, entoavam (5,9-13):

> Tu és digno de receber o livro e abrir seus selos, porque foste imolado, e com teu sangue adquiriste para Deus homens de toda tribo, língua, povo e nação.
> Deles fizeste para nosso Deus um reino de sacerdotes.
> E eles reinarão sobre a terra.
> O Cordeiro imolado é digno de receber o poder, a riqueza, a sabedoria, a força, a honra, a glória e o louvor.
> O louvor, a honra, a glória e o poder pertencem àquele que está sentado no trono e ao Cordeiro pelos séculos dos séculos.

Observe que somente o Cordeiro imolado, que é Jesus, é digno de receber o poder, a riqueza, a sabedoria, a força, a honra, a glória e o louvor, num total de 7 atributos. Os reis, imperadores e poderosos da época também reivindicavam esses atributos, mas o autor do Apocalipse mostra que somente e unicamente Jesus era digno de todo e qualquer poder.

3. Em poucas palavras

Jesus Cristo vivo e ressuscitado é o único no céu, na terra, no mar e em tudo o que existe, que tem o poder de abrir o livro da história de todos os tempos e lugares. Os Imperadores Romanos, ou outros que detêm o poder terreno, não têm poder algum sobre a morte; mesmo tendo matado Jesus, um dia eles vão morrer e serão julgados. Só Jesus vence a morte e pode dar a ressurreição e a vida. Só Ele é digno de conduzir toda a história.

6. OS SETE SELOS

A abertura dos sete selos ocupa uma grande parte deste primeiro bloco (4–11) do Apocalipse. Inicia-se em 6,1 e só em 8,1 é aberto o sétimo selo e este se transforma em sete anjos com sete trombetas, e a última trombeta só é tocada em 11,15. João foi um mestre ilustre a partir de sua experiência interior, ou seja, as visões em que os quatro primeiros selos narram simbolicamente o passado e têm realmente muitas coisas com relação ao passado, mas, na verdade, são também a mais pura realidade do sofrimento e da realidade social em que viviam os povos sob o domínio do Império Romano. Ele é mestre porque consegue fazer o povo enxergar que é Deus quem conduz a história; ao dividir a visão do livro com os sete selos, nos quatro primeiros, o autor faz o povo voltar ao passado; no quinto, fica visível que se refere ao presente; e o sexto e o sétimo referem-se ao futuro próximo e ao julgamento por parte de Deus. É ilustre ao provocar na comunidade o desejo de manter firme na fé e unidos, porque estas coisas iriam "acontecer muito em breve ou em pouco tempo", embora os dois últimos sejam bem obscuros e as visões até confusas, pois o futuro a Deus pertence. O autor rapidamente descreve a abertura dos quatro primeiros selos (6,1-8), em que aparecem quatro cavalos de cores diferentes e também quatro cavaleiros, cada qual com seu objetivo. Vamos a eles explicando um por um.

1. Texto e contexto

> Vi quando o Cordeiro abriu o primeiro dos sete selos. E ouvi o primeiro dos quatro Seres vivos falar como estrondo de trovão: "Venha!" Vi então quando apareceu um cavalo branco. O cavaleiro tinha um arco, e deram para ele uma coroa. Ele partiu, vitorioso e para vencer ainda mais (6,1-2).

É sempre difícil saber, com precisão, em que João se inspirou ao escrever seus textos. Mas entre os biblistas há certo consenso de que provavelmente foi em textos do profeta Zacarias, mais especificamente em 6,1-7, em que aparecem carros conduzidos por quatro cavalos: vermelhos, pretos, brancos e malhados, ou também no mesmo profeta, quando, durante uma visão noturna, ele vê um homem montado em um cavalo marrom, e atrás dele havia cavalos marrons, alazões e brancos (1,8). Só para citar que, em Zacarias 1,12, o apelo a Deus é muito parecido com o apelo feito pela comunidade do Apocalipse, em 6,10. Como sempre tudo é hipótese, a verdade não nos pertence, no máximo podemos chegar próximo a ela; mesmo porque João, com muita probabilidade, não precisaria obrigatoriamente tomar esse texto, uma vez que a comunidade de seu tempo sabia muito bem que o símbolo do povo dos partos, em combate de guerra, era o arco e que eles criavam cavalos brancos; que o símbolo do Império Romano era a grande espada e que eles diziam que buscavam a paz. Tácito, historiador da época, dizia ser "uma paz manchada de sangue", daí ser um cavalo vermelho. Na sequência, o cavalo negro com a balança lembrava a economia, a fome, a carestia do próprio império que, com seu modo de ser e agir, ocasionava a morte; e havia também várias pestes na época, o que proporciona a cor do quarto cavalo esverdeado.

Penso que João inspirou-se na própria realidade e não em textos do Antigo Testamento para montar essa visão, lembrando sempre, sem ser cansativo, que visões são visões e não podem ser interpretadas ao pé da letra, como se fossem cavalos mesmos ou selos abertos. O importante para João era a mensagem maior: Deus é o Senhor da história, conhece o passado, o presente e o futuro, e vai julgar todos os povos, Ele conduz a história. Como estamos estudando o Apocalipse com seus diversos símbolos e visões e como em *"tirando o véu"*, dentro do possível e de modo limitado, procuramos deixar claro seu significado e mensagem, vamos seguir o esquema de João em seus escritos.

2. Tirando o véu

No primeiro selo aberto e, ao longo dos três outros, vamos colocar o significado de alguns símbolos:

• *Cavalo:* antigamente, não havia carros de guerra velozes e muito menos aviões. O cavalo sempre foi visto como animal de guerra por ser veloz. Tanto é verdade que Jesus, quando entra em Jerusalém, vem montado em um jumento (Mc 11,1-10), pois o jumento é lento, símbolo da paz, e o cavalo, em sua versatilidade, era considerado animal de guerra.

• *Cavalo branco:* nem sempre uma cor, ou o mesmo símbolo, no Apocalipse, tem o mesmo significado. Vestes brancas são as vestes com que Jesus Ressuscitou, e os que usam vestes brancas são os cristãos vencedores em Jesus. Cor da paz, da vitória. Nesse caso, o *cavalo branco*, em que o cavaleiro tinha um arco, símbolo de guerra, e vence batalhas, a cor branca não pode ser interpretada assim. Torna-se símbolo dos povos partos que criavam cavalos brancos. Não podemos também confundir e achar que é o mesmo cavalo branco de 19,11, que simboliza a vitória e a paz. Que fique claro: nem sempre uma cor, ou um símbolo, no Apocalipse, tem o mesmo significado, tem de se ver o texto e o contexto.

• *Arco:* instrumento de guerra, símbolo dos Partos.

• *Coroa:* sinal de vitória, de alguém vitorioso e que iria vencer ainda mais.

• *Venha!*: pode estar no sentido da criação (Gn 1,1–2,4), quando a Palavra de Deus dava uma ordem e as coisas passavam a existir. Exemplo: "Deus disse: 'Que exista a luz!' E a luz começou a existir" (Gn 1,3). Mas, nesse contexto, pode ser o início de uma nova criação, conforme veremos a partir do capítulo 21.

> Vi quando o Cordeiro abriu o segundo selo. E ouvi o segundo Ser vivo dizer: "Venha!" Apareceu então outro cavalo, era vermelho. Seu cavaleiro recebeu poder para tirar da terra a paz, a fim de os homens se matarem uns aos outros. E entregaram para ele uma grande espada (6,3-4).

• *Cavalo vermelho:* lembra guerra, derramamento de sangue, violência e até morte, onde não há paz e sim violência.

• *Grande espada:* símbolo de instrumento de guerra, utilizada pelos romanos, sendo que era derramado muito sangue em nome de uma "falsa paz".

> Vi quando o Cordeiro abriu o terceiro selo. E ouvi o terceiro Ser vivo dizer: "Venha!" Apareceu então um cavalo negro. O cavaleiro tinha na mão uma balança. Ouvi uma voz que vinha do meio dos quatro Seres vivos, e dizia: "Um quilo de trigo por um dia de trabalho! Três quilos de cevada por um dia de trabalho! Não danifiquem o óleo e o vinho" (6,5-6).

- *Cavalo negro:* lembra uma situação desesperadora de carestia e fome. Exploração do trabalho dos mais pobres.
- *Balança:* já que o autor esclarece que é um quilo de trigo e três quilos de cevada por um dia de trabalho, imagine você o custo de vida desse povo pobre da época e também a carestia nos dias de hoje. Sentido real de balança no comércio para pesar os alimentos. Lembra também o profeta Amós que criticava a questão do direito e da justiça e o roubo no peso dos alimentos na balança contra os pobres (Am 8,1-6).

> Vi quando o Cordeiro abriu o quarto selo. E ouvi o quarto Ser vivo dizer: "Venha!" Vi aparecer um cavalo esverdeado. Seu cavaleiro era a morte. E vinha acompanhado com o mundo dos mortos. Deram para ele poder sobre a quarta parte da terra, para que matasse pela espada, pela fome, pela peste e pelas feras da terra (6,7-8).

- *Cavalo esverdeado:* lembra a cor de cadáver, de quem morreu de peste, e o autor não deixa segredo ao dizer que seu cavaleiro é a morte. Será que é por isso que ainda hoje existe a expressão: "A morte vem montada a cavalo"? Lembra tudo aquilo que gera a morte: a espada, no sentido de guerra, fome e peste.
- *Feras da terra:* penso que "feras da terra" podem ser um elo entre esses quatro primeiros selos com o quinto, que fala do sangue derramado pelos cristãos como mártires, sendo que alguns deles, segundo Tácito, na hora de execu-

ção, eram "colocados em peles de animais e dilacerados por cães ferozes".[32] Assim sendo, os romanos, a nosso ver, eram os "feras da terra", que devoravam vidas pela guerra, pela fome, pela miséria, pela espada e violência praticada, o que leva à abertura do quinto selo.

> Quando o Cordeiro abriu o quinto selo, vi debaixo do altar as vidas daqueles que tinham sido imolados por causa da Palavra de Deus e por causa do testemunho que dela tinham dado. Eles gritaram em alta voz:
> "Senhor santo e verdadeiro, até quando tardarás em fazer justiça, vingando nosso sangue contra os habitantes da terra?"
> Então foi dada a cada um deles uma veste branca. Também foi dito a eles que descansassem mais um pouco de tempo, até que ficasse completo o número de seus companheiros e irmãos, que iriam ser mortos como eles (6,9-11).

O quinto selo dispensa maiores comentários, pois é um clamor, um grito e um apelo dos mártires ao se dirigirem a Deus: *Até quando tardarás em fazer justiça?* O sangue derramado clama por justiça (cf. Gn 4,10). A eles foi pedido um pouco mais de tempo, pois o tempo de Deus é bem diferente do nosso; e foi-lhes dito que descansassem até que ficasse completo o número de todos os que deveriam morrer como

---

[32] LOHSE, Eduard. *Contexto e Ambiente do Novo Testamento*. Tradução de Hans Jörg Witter. São Paulo: Paulinas, 2000. p. 195.

eles. É sinal de que a perseguição e o derramamento de sangue ainda iriam continuar, mas só por um pouco mais de tempo, pois, em breve, viria a abertura do sexto selo. Torna-se evidente que os cristãos da época em que foi escrito o Apocalipse viram que aqui era o "presente" e os quatro primeiros representavam o passado, enquanto que, na verdade, é a união de todos esses acontecimentos que provoca a morte e o martírio daqueles que defendem a fé, a vida e uma nova sociedade. Quantos ainda hoje clamam pelo sangue derramado de milhares de pessoas que defendem a vida e denunciam os poderosos... Todavia, ao povo do Apocalipse, Deus dá uma resposta imediata, *vestes brancas:* símbolo da vitória e da ressurreição, da vida nova, restava agora a eles acompanhar os acontecimentos da história em vista do que iria acontecer no futuro, ou em breve. E aqui se tem a abertura do sexto selo.

2.1. Tirando o véu do sexto selo

O sexto selo é diferente dos quatro primeiros e do quinto. Até agora, segundo o autor, o que estava em jogo era o passado e o presente da história e agora vem o futuro. É típico dos escritos apocalípticos dividir a história assim e é um modo de dizer que Deus vai fazer alguma coisa e não permitir que o mal continue operando no mundo. A comunidade cristã havia entendido e se situado ao longo da história e percebeu que o quinto selo era sua realidade, ou seja, o presente. Agora olhando em frente e para o futuro, o autor mostra algo impressionante: o julgamento de Deus que, no Antigo Testamento, os profetas chamavam de o Dia de Javé – se você quiser conhecer um pouco melhor sobre esse tema, leia Am 5,18-20; Jl 2,10; Is 30,3, e 34,4; Os 10,8. Você verá que há muita semelhança entre esses textos e o que está descrito no Apocalipse. Javé significa aquele que salva e liberta, era o nome de Deus no Antigo Testamento.

Agora olhe este texto do profeta Joel 3,4-5, em que Deus promete derramar seu Espírito sobre todos os viventes e fará prodígios no céu e na terra:

> O sol vai se mudar em trevas, e a lua em sangue; diante da chegada do Dia de Javé, grandioso e terrível! Então, todo aquele que invocar o nome de Javé será salvo, pois a salvação estará no monte Sião e em Jerusalém – como disse Javé – e entre os sobreviventes estarão aqueles que Javé tiver chamado.

Agora compare esse texto e os citados acima com Ap 6,12-14 e veja que tem tudo a ver. Quando encontramos essas descrições de que o sol ficou escuro, a lua transforma-se em sangue, as estrelas do céu despencaram sobre a terra, o céu que se enrola e as montanhas e ilhas que foram arrancadas do lugar, não é para causar medo, pânico ou desespero, e sim para saber que "no Apocalipse os abalos cósmicos são símbolos da presença e ação de Deus que julga a história".[33] Observe que o autor fala do dia da ira (6,17) e que os cristãos pedem para Deus vingar o sangue deles (6,10). Ira e vingança são termos que podem escandalizar-nos. Será que Deus quer a ira, a vingança, a guerra, a morte e a violência? A resposta, nós já sabemos: claro que não. No Apocalipse, aparece muito o tema da violência e morte. A questão do julgamento dos "reis da terra, os magnatas, os capitães, os ricos e poderosos, todos, escravos e homens livres" (6,15): são eles que agem com violência, provocam guerras, mortes, miséria e fome, são os que estão com medo da ira do Cordeiro. Pedir vingança do sangue é um modo de os cristãos clamarem a Deus por justiça no julgamento, não vingança no sentido de morte e violência. Deus quer criar um mundo novo com justiça, paz, amor.

E aos que:

> resistem contra a *vinda* de Deus que quer criar um mundo novo. São eles que, direta ou indiretamente, provocam as matanças e as violências. É uma questão de *saber ler* os fatos. [...] A vinda de Deus é um julgamento: faz aparecer a violência assassina da *Pax Romana* que a propaganda do Império procurava esconder e disfarçar.[34]

---

[33] BORTOLINI, José. *Como ler o Apocalipse*. São Paulo: Paulus, 1994. p. 64.

[34] MESTERS, Carlos; OROFINO, Francisco. *Apocalipse de São João*. A teimosia da fé dos pequenos. Petrópolis: Vozes, 2003. p. 191.

6. Os sete selos

Não estranhe quando João coloca escravos, pois, antigamente, na época do Império Romano, até alguns médicos, artesões, algumas pessoas bem-sucedidas eram escravos da Casa de César e havia alguns homens livres que também praticavam o mal. E por que não? Até mesmo uns que se diziam "cristãos", algumas vezes, praticaram o mal.

Jesus veio dizer-nos que Deus é Pai amoroso, carinhoso, que ama, que abraça, que beija e acolhe a todos os que querem mudar de vida. Para maiores detalhes, leia a parábola do Filho pródigo ou o Pai misericordioso (Lc 15,11-32). A partir de agora, ao invés de usar a expressão "Dia de Javé", conforme os profetas do Antigo Testamento, vamos utilizar a expressão "Dia do julgamento de Deus".

Deus vai começar o julgamento e são os reis da terra, os magnatas, os capitães, os ricos e poderosos, que estão com medo do Dia do julgamento de Deus, que pedem para os montes e para as pedras que os escondam da Face daquele que está no trono e da "ira" do Cordeiro. Ira, no modo de pensar deles, pois Deus julga com calma e justiça. E a pergunta que não quer calar: "E quem poderá ficar de pé?" É uma pergunta que, em outros termos, significa: quem pode ser considerado fiel à Palavra de Deus, justo e inocente? Como vai haver um julgamento, os cristãos que procuram praticar a justiça podem confiar no projeto de Deus, pois eles serão "marcados" e salvos. Mas esse tema desenvolve-se ao longo do capítulo 7.

3. Em poucas palavras

Este capítulo 6 é fundamental e importantíssimo nos ensinamentos do Apocalipse. Mostra que, tanto no passado, quanto no presente, e até no futuro, Deus conhece os sofrimentos e fará justiça a todos aqueles e aquelas que foram mortos ou ainda vão morrer por causa de Jesus. Agora sim começa para valer o julgamento de Deus, e os primeiros a sofrerem as consequências são os reis da terra, os magnatas, os capitães, os ricos e poderosos, e eles estão com muito medo da Face de Deus. Em relação às coisas de Deus: temos medo ou confiança?

7. OS 144 MIL MARCADOS

No que se refere ao julgamento e a salvação, João coloca que ouviu o número dos que receberam a marca e era de 144.000 de todas as tribos do povo de Israel. Claro que isso é simbólico, conforme veremos, mas algo ainda mais extraordinário está para acontecer: "Depois disso eu vi uma grande multidão, que ninguém podia contar: gente de todas as nações, tribos, povos e línguas" (7,9).

De modo claro, o texto possui duas partes: 7,1-8 refere-se ao Antigo Testamento; a partir de 7,9, refere-se ao Novo Testamento, após a morte e ressurreição de Jesus. E aí só Deus sabe, pois aqueles que já estavam ou seriam salvos, "ninguém podia contar". Era gente dos quatro cantos da terra.

1. Texto e contexto

Observe que vem um anjo, trazendo o selo do Deus vivo e diz: "Não prejudiquem a terra, nem o mar, nem as árvores! Primeiro vamos marcar a fronte dos servos de nosso Deus" (7,3). Claro que Deus, por intermédio de seus anjos, quer manter íntegros os elementos criados na terra, no mar e no universo. Impossível aqui não pensar na preservação das matas, nascentes, rios, florestas, animais, camada de ozônio e outros aspectos ecológicos que se referem à vida dos homens e animais. Temos de cuidar, com carinho e amor, da criação de nosso Deus, pois isso é vida e vai garantir-nos nossa morada e nosso bem-estar nesta grande casa, que é o mundo.

Em relação a marcar a fronte dos servos de nosso Deus, vem imediatamente à mente, tanto do povo daquela época, como do de hoje, uma passagem linda do Antigo Testamento, em que os verbos definem o quanto Deus caminha junto com seu povo e quer libertá-lo de todo e qualquer mal:

> Eu **vi** muito bem a miséria de meu povo que está no Egito. **Ouvi** seu clamor contra seus opressores, e **conheço** seus sofrimentos. Por isso, **desci** para libertá-lo do poder dos egípcios e para fazê-lo subir dessa terra para uma terra fértil e espaçosa, terra onde corre leite e mel (Êx 3,7-8).

Para isso, Deus escolhe Moisés e pede para marcar os que seriam salvos e libertos com o sangue do cordeiro pascal, em que eles deveriam pegar o sangue dele e passar sobre os dois batentes e sobre a travessa da porta. "O sangue nas casas será um sinal de que vocês estão dentro delas: ao ver o sangue, eu passarei adiante. E o flagelo destruidor não atingirá vocês, quando eu ferir o Egito" (Êx 12,13).

7. Os 144 mil marcados

Essa marca também pode estar relacionada com o profeta Ezequiel: "Percorra a cidade de Jerusalém e marque com uma cruz a testa dos indivíduos que estiverem se lamentando e gemendo por causa das abominações que se fazem no meio dela. [...] Só não matem os indivíduos marcados com a cruz" (Ez 9,4.6). Só a título de uma pequena explicação, seguimos a tradução da Bíblia Pastoral. Na verdade, a marca era como um *tau*, letra do alfabeto hebraico, que tinha a forma de uma cruz.

Paulo afirma que "quem nos fortalece juntamente com vocês em Cristo e nos dá a unção é Deus. Deus nos marcou com um selo e colocou em nossos corações a garantia do Espírito" (2Cor 1,21-22). Possível alusão a nosso batismo; pelo batismo, somos selados por Deus, é uma marca do cristão.

João fala que foram marcados 12 mil de cada tribo e essas tribos eram de: Judá, Rúben, Gad, Aser, Neftali, Manasses, Simeão, Levi, Issacar, Zabulon, José, Benjamim. Se você voltar lá no livro de Números 1,20-27, vai perceber uma pequena diferença: a tribo de Dã, no Apocalipse, foi substituída pela tribo de Manasses, que é filho de José e neto de Jacó. O fato é simples: na época em que foi escrito o Apocalipse, o povo pensava que o Anticristo[35] viria da tribo de Dã. Daí por que ela não foi relacionada.

---

[35] Se você quiser saber mais sobre o Anticristo, leia: ALBERTIN, Francisco. *Explicando o Evangelho de São João e cartas*. Aparecida: Santuário, 2012. p. 140 – 142. Veja explicação do termo Anticristo neste livro, p. 163 –166.

Algumas denominações religiosas pregam por aí que só eles estão entre os 144.000 que serão salvos. Com todo respeito a eles, mas esse modo fundamentalista e literal de ler e compreender esta passagem bíblica traz, em si, grandes erros:

1. é um número simbólico e não real e literal e tem a ver com as tribos do Antigo Testamento e não tem nada a ver com os que viveram, vivem ou viverão após a vinda de Jesus Cristo como revelação do Pai;

2. o próprio autor do Apocalipse diz na sequência: "Depois disso eu vi uma grande multidão, que ninguém podia contar: gente de todas as nações, tribos, povos e línguas" (7,9). Ou seja, só Deus sabe o número dos que foram, são e serão salvos, a partir da morte e ressurreição de Jesus Cristo. Só Ele conhece o coração e as obras das pessoas, independentemente da religião, se é ateu ou de qualquer outra filosofia de vida;

3. somos meros seres humanos, e os critérios da salvação não nos pertencem e competem só a Deus.

O capítulo 6 termina com a pergunta: "E quem poderá ficar de pé?". Agora é colocado que essa grande multidão, que ninguém podia contar, vinda dos quatro cantos da terra, estava de pé diante do trono e diante do Cordeiro e proclamava:

7. Os 144 mil marcados

"A salvação pertence a nosso Deus, que está sentado no trono, e ao Cordeiro" (7,10).

Depois aparecem os Anjos, Anciãos e Seres vivos que diziam:

"Amém! O louvor, a glória, a sabedoria, a ação de graças, a honra, o poder e a força pertencem a nosso Deus, para sempre. Amém!" (7,12).

O segredo do texto é revelado quando um Ancião pergunta a João:

"Você sabe quem são e de onde vieram esses que estão vestidos com roupas brancas?" Eu respondi: "Não sei não, Senhor! O Senhor é quem sabe!" Ele então me explicou: "São os que vêm chegando da grande tribulação. Eles lavaram e alvejaram suas roupas no sangue do Cordeiro. É por isso que ficam diante do trono de Deus, servindo a Ele dia e noite em seu Templo. Aquele que está sentado no trono estenderá sua tenda sobre eles" (7,13-15).

2. Tirando o véu

• *144.000 (cento e quarenta e quatro mil):* vimos que o número 3 significa totalidade divina: Pai, Filho e Espírito Santo, ou a criação: céu, terra e mar, e o número 4 significa totalidade humana: os quatros pontos cardeais da terra: Norte, Sul, Leste e Oeste, ou até mesmo os elementos da criação: fogo/água, terra/ar. Se tomarmos a totalidade divina (3) e multiplicar pela totalidade humana (4), teremos 12. Então o número 12, na Bíblia, tem o sentido de plenitude e universalidade, no sentido de todos os povos. No Antigo Testamento, são representados pelas 12 tribos de Israel, que são os 12 filhos de Jacó. No Novo Testamento, são os 12 apóstolos de Jesus. O autor tomou o número 1.000 (mil) por significar grande multidão e quantidade de pessoas. Assim 12 x 1.000 = 12.000. Como eram 12 tribos, pegamos 12.000 x 12 = 144.000. É um número simbólico para dizer que são todos aqueles e aquelas que foram fiéis à Palavra e à vontade de Deus, independentemente se eram ou não das tribos de Israel ou de qualquer outro povo.

• *Ser marcado – marca:* sinal de salvação, proteção, batismo, identidade do cristão, cuja marca é o próprio Jesus.

• *Vestes brancas e palmas na m*ão – Aquele que está sentado no trono estenderá sua tenda sobre eles: já vimos que vestes brancas significam vitória, ressurreição e vida nova. Palmas na mão e tenda estão relacionadas. Antigamente, celebravam-se a festa das tendas – para maiores detalhes, você poderá ler Levítico 23,33-44. Embora haja discussões e controvérsias entre os estudiosos sobre o significado dessa festa, vejamos:

> Deus (Javé) falou a Moisés: Diga aos filhos de Israel: No dia quinze do sétimo mês começa a festa das Tendas, dedicada a Javé (Deus) e dura sete dias. [...] No primeiro

dia, vocês pegarão frutos das melhores árvores, cortarão ramos de árvores para enfeite, ramos de palmeiras. [...] Vocês morarão em cabanas durante sete dias; [...] para que seus descendentes saibam que eu fiz os filhos de Israel habitar em cabanas quando os tirei do Egito. Eu sou Javé, o Deus de vocês (Lv 23,33-34.40.42-43).

Era considerada a festa da luz, em que havia danças e rituais em torno da luz e procissão em redor do altar, onde os fiéis levavam uma palma ou ramo na mão. Jesus vai a essa festa (Jo 7–8) e afirma: "Eu sou a luz do mundo. Quem me segue não andará nas trevas, mas possuirá a luz da vida" (Jo 8,12). Essa festa das tendas lembrava a aliança de Deus com seu povo e que Deus caminhava e morava no meio deles nas tendas, parecida com o que chamamos de barracas e cabanas, eram feitas com ramos verdes.

• *Grande tribulação. Eles lavaram e alvejaram suas roupas no sangue do Cordeiro:* grande tribulação pode vir de Daniel 12,1-4. Jesus diz:

> Porque, nesses dias, haverá uma tribulação como nunca houve, desde o início da criação feita por Deus, até agora; e nunca mais haverá outra igual. Se o Senhor não abreviasse esses dias, ninguém conseguiria salvar-se. Mas Ele abreviou aqueles dias por causa dos eleitos que escolheu (Mc 13,19-20).

Sinal de que vários cristãos estavam sendo perseguidos e mortos. Roupa é outro modo de dizer e referir à própria pessoa, no sentido de identidade. Como Jesus derramou seu sangue, morreu em uma cruz e foi fiel à vontade de Deus, os cristãos, que assim fazem, também lavam suas roupas, suas vidas, no sangue do Cordeiro que é Jesus.

3. Em poucas palavras

Lindo e maravilhoso que dispensa qualquer outro comentário:

> Nunca mais terão fome, nem sede; nunca mais serão queimados pelo sol, nem pelo calor ardente. Pois o Cordeiro que está no meio do trono será o pastor deles; vai conduzi-los até às fontes de água da vida. E Deus lhes enxugará toda lágrima dos olhos (7,16-17).

8. MISTÉRIOS QUE ENVOLVEM O SÉTIMO SELO

A abertura do sétimo selo é cercada de mistérios. Enquanto os seis primeiros (6–7) transcorrem normalmente, esse vai gerar sete anjos, que recebem sete trombetas e ainda aparecem várias pragas que vão até o final do capítulo 11, o fim deste primeiro bloco. Desde o começo da abertura do sexto selo, vimos que o pano de fundo, o alicerce, é o Êxodo, sendo que João inspira sua obra para dizer: do mesmo jeito que Deus libertou seu povo da escravidão do Egito e do Faraó, agora Deus vai libertar-nos de toda maldade e violência dos Imperadores Romanos.

1. Texto e contexto

Quando o Cordeiro abriu o sétimo selo, houve no céu um silêncio de meia hora...

Vi então os sete Anjos que estão diante de Deus. Eles receberam sete trombetas (8,1-2).

Na sequência (8,3-5), veremos que outro Anjo tinha nas mãos um turíbulo de ouro, que continha uma grande quantidade de incenso, cuja fumaça, com as orações dos santos, subia até Deus. Algo muito importante e solene vai acontecer. Turíbulo é um recipiente ou um vaso onde são colocados incenso e brasas que queimam e soltam uma fumaça; é utilizado nas igrejas em missas solenes. É um modo de dizer que só Deus merece o louvor, a honra e a glória para sempre. Mas também sobem a Deus as orações dos santos, que, no Apocalipse, são os cristãos que mantêm fiéis à Palavra de Deus.

Nesse clima de mistério e solenidade,

os sete Anjos com as sete trombetas se preparam para tocar (8,6).

O primeiro Anjo tocou. Caiu então sobre a terra uma chuva de pedra e fogo, misturados com sangue. A terça parte da terra se queimou. A terça parte das árvores se queimou. O que existia de verde se queimou. O segundo Anjo tocou. Foi jogada no mar uma coisa parecida com uma grande montanha em brasa. A terça parte do mar virou sangue. A terça parte das criaturas do mar morreu. A terça parte dos navios foi destruída. O terceiro Anjo tocou. Caiu do céu uma grande estrela, ardendo como tocha acesa. Caiu sobre a terça parte dos rios e sobre as fontes. O nome dessa estrela é "Amargura". A terça parte da água ficou

8. Mistérios que envolvem o Sétimo Selo

amarga. Muita gente morreu por causa da água, porque ficou amarga. O quarto Anjo tocou. Atingiu um terço do sol, um terço da lua e um terço das estrelas, de modo que ofuscou a terça parte deles. O dia perdeu a terça parte da claridade. E a noite também.

Nessa hora vi e ouvi uma Águia voando no meio do céu, e gritando em alta voz: "Ai! Ai! Ai dos que vivem na terra! Ainda faltam três toques de trombeta. E os Anjos estão prontos para tocar (8,7-13).

Não podemos perder de vista que Deus começou seu julgamento no sexto selo e agora, neste sétimo, Ele continua, fala que houve no céu um silêncio de meia hora... "Silêncio diante de Javé, criaturas todas, pois Ele se levanta em sua morada santa" (Zc 2,17). O silêncio, para nós, lembra respeito, atenção; ação importante e solene vai ser realizada por Deus. Leia, se quiser, Hab 2,20; Sf 1,7; Am 8,1-3.

Em relação aos 4 primeiros toques das trombetas que ao serem tocadas lembravam algo importante ou anúncio de algum acontecimento como festa, guerra, julgamento, juízo e outros: Lv 23,23-25; 25,8-12; Jz 7,16-18; Mt 6,2 etc. Nesse caso, você verá grandes semelhanças com as pragas que aconteceram no Egito (Êx 7,14–11,10). Rapidamente:

Primeiro toque: destrói a terça parte da terra com uma chuva de pedra e fogo, misturados com sangue. É semelhante (e nunca igual) com a sétima praga do Egito – seria bom ler Êx 9,22-26.

Segundo toque: destrói a terça parte do mar que virou sangue. É semelhante com a primeira praga do Egito, onde as águas do rio Nilo transformam-se em sangue (cf. Êx 7,17-21).

Terceiro toque: destrói a terça parte dos rios e fontes. Há semelhanças e diferenças com relação à primeira praga também (Êx 7,17-21). Leia, de modo particular, Êx 7,21. Quanto à água ter ficado amarga, com Moisés acontece exatamente o contrário. A água amarga transforma-se em água doce (Êx 15,22-25).

Quarto toque: destrói a terça parte do sol, da lua e das estrelas. Há e muita semelhança com a nona praga do Egito, onde houve uma grande escuridão (cf. Êx 10,21-23).

Com isso, ficava claro para o povo do Apocalipse que novamente Deus começava o julgamento para libertá-lo do poder dos romanos e o pano de fundo para isso eram exatamente as pragas do Egito, onde Deus liberta seu povo da escravidão para libertação.

2. Tirando o véu

• *Silêncio de meia hora...*: lembra respeito, atenção, silenciar diante de Deus que vai fazer algo importante e solene acontecer.

• *Sete trombetas:* trombeta é um instrumento que, ao ser tocado, lembra anúncio, acontecimento importante, festa etc. "A trombeta era um instrumento militar mediante o qual se convocava ou proclamava, mas era também utensílio litúrgico para proclamar a realeza de Deus."[36] O número sete lembra plenitude, totalidade e perfeição.

- *Ai! Ai! Ai:* faltam ainda três trombetas para serem tocadas e daí os três Ai! É um sinal de alerta, mas, nesse caso, é mais do que isso, está no sentido de praga, catástrofe, desastre e grande desgraça.

3. Em poucas palavras

Nesse sétimo selo que se transforma em sete Anjos que vão tocar sete trombetas e anunciar algumas pragas que "visam a destruição não *do* mundo como um todo, mas só *de um* mundo, o mundo do mal",[37] João quer mostrar, neste capítulo e que se prolonga nos demais: 9, 10 e 11, o julgamento de Deus, e vimos que até aqui é só parcial, ou seja, atinge só um terço da terra, do mar, dos rios e fontes, sol, lua e estrelas. Mesmo sendo parcial, ele atinge todo o universo. No fundo, é uma chamada de atenção em relação aos poderosos e aos que praticam o mal para que eles se convertam e mudem de caminho, deixando o mal e praticando o bem. Será que vai dar certo e eles vão se converter?

---

[36] ARENS, Eduardo; MATEOS, Manuel Díaz. *O Apocalipse*: a força da esperança. Tradução de Mário Gonçalves. São Paulo: Loyola, 2004. p. 199.

[37] MESTERS, Carlos; OROFINO, Francisco. *Apocalipse de São João*. A teimosia da fé dos pequenos. Petrópolis: Vozes, 2003. p. 214.

9. OS GAFANHOTOS E OS CAVALEIROS

Ao ler o capítulo 9, muitas pessoas acham estranho e esquisito o modo de João descrever os gafanhotos, os cavalos e os cavaleiros. Até parece "coisa de louco". Como pode gafanhotos parecer com bando de cavalos, ter na cabeça coroas de ouro, rosto de gente, cabelos compridos como as mulheres, couraças de ferro, asas, ferrão na cauda como escorpião? Como entender que os cavalos e cavaleiros vestiam couraça cor de fogo, jacinto e enxofre? Que a cabeça dos cavalos parecia de leão? Você pode até dizer que isso não existe e é irreal, fantasioso. Calma! Não podemos nos impressionar com a linguagem ou o modo do autor descrever os gafanhotos, cavalos e cavaleiros, isso não interessa muito e nem é o mais importante.

Todo mundo, inclusive João, sabe que esse tipo de criatura não existe. Elas são apresentadas de maneira tão diferente, tão fora do comum e tão irreal, exatamente para que ninguém as interprete ao pé da letra, mas procure descobrir a mensagem que querem comunicar.[38]

E qual é então a mensagem deste capítulo?

1. Texto e contexto

"O quinto Anjo tocou. Vi então uma estrela que tinha caído do céu sobre a terra. Ela recebeu a chave do poço do Abismo. E abriu o poço do Abismo" (9,1-2).

Depois diz que sai fumaça que escurece o sol e o ar e dela saem gafanhotos, que lembram a oitava praga do Egito (cf. Êx 10,12-15). Conforme descrevemos acima, tinham ordem de não estragar a vegetação da terra, nem o verde, nem as árvores, mas de fazer o mal às pessoas que não tinham, na fronte, a marca de Deus. "O rei deles era o Anjo do Abismo. O nome desse Anjo é Abadôn, na língua hebraica; em grego é Apoliôn. O primeiro Ai passou. Mas depois dessas coisas ainda vêm outros dois Ais" (9,11-12). Vimos que o quinto Anjo toca a trombeta e aparece o primeiro Ai (cf. 9,1-12). Depois é a vez do sexto Anjo tocar e aparecer o segundo Ai (cf. 9,13–11,14). Conforme dissemos, os capítulos 8, 9, 10 e 11 vão descrever esse julgamento de Deus e, portanto, estão interligados.

---

[38] MESTERS, Carlos; OROFINO, Francisco. *Apocalipse de São João*. A teimosia da fé dos pequenos. Petrópolis: Vozes, 2003. p. 218.

9. Os gafanhotos e os cavaleiros

Dissemos que não podemos nos impressionar com o modo de o autor descrever os gafanhotos e sim entender qual é a mensagem que ele quer nos comunicar. E a chave para a compreensão é justamente a chave do poço do Abismo. Abismo aqui está no sentido de forças do mal, um local estranho, assustador, de morte, desordem, caos, trevas, e o rei desse abismo chama-se *Abaddon*, em hebraico, e *Apollyon*, em grego (*Abadôn e Apoliôn*, em hebraico e grego, conforme citação acima, é tradução da Bíblia Edição Pastoral, o que não tem diferença, e o mesmo significado com a tradução de: *Abaddon e Apollyon*), que significam destruição e extermínio. Apolo era um deus grego muito famoso, filho de Zeus, seu culto era ligado ao sol, à luz e ao calor, era também o protetor da escuridão e das epidemias, era o deus da justiça e da beleza masculina e um dos principais deuses do Império Romano. João une esse nome para dizer que havia idolatria e que um dia tudo seria destruído. Os gafanhotos são descritos como bando de cavalos preparados para a guerra. Em Joel 1–2,17, percebemos a destruição dos gafanhotos, o julgamento de Deus e o apelo à conversão. Tudo gira em torno do poder, da guerra, das conquistas, em que os poderosos só têm na cabeça o desejo de ouro e riquezas. Mas tudo isso será destruído e os que ameaçam o Império Romano são o exército e os cavaleiros que estão no rio Eufrates (região atual do Irã) de "duzentos milhões" (9,16). Era um número exagerado e quase impossível na época. Mas para o Apocalipse não interessa o número exato a não ser simplesmente dizer que era um grande exército, e esse povo era o povo dos partos, no qual o autor via nesse exército o único, na época, capaz de destruir os romanos. Mas não resolve um exército ou um povo vencer outro exército e outro povo e continuarem a violência, a morte e crueldade. O que João alerta a sua comunidade é que os que não tinham na fronte a marca de Deus, ou seja, que praticavam o mal, seguiam os ídolos, conquistavam o poder e acreditavam que eram "os donos do mundo", seriam destruídos pelo próprio veneno. Quem pratica a violência recebe violência e prova de seu próprio veneno. Praticando injustiças e criando um mundo injusto seriam, um dia, destruídos também pela violência brutal, pela morte e pelo mal que eles mesmos praticavam. É um momento de reflexão e de chamar todos à conversão.

2. Tirando o véu

• *Chave do poço do Abismo*: aquele que consegue ter acesso ao poder do mal, região que lembra morte, maldades, injustiças e violência. Lembra desordem, caos e trevas.
• *Descrição dos Gafanhotos que... se parecem com bando de cavalos preparados para a guerra*: exército militar, guerra, violência, destruição.
• *... que tem rosto de gente*: lembra o próprio ser humano que por sua cobiça e maldades gera mortes, ou em outras

palavras: "gente que parece bicho", que desumaniza, age como animal irracional.

• ... *Cabelos compridos como as mulheres:* lembra sedução, fascínio, desejo, instinto, paixão. Aqui lembra a sedução e o fascínio que os poderosos exercem sobre os mais fracos. "Muitos querem ser como eles" na riqueza, no domínio e no poder. O poder seduz.

• ... *Dentes de leão:* que esmaga e mata a presa.

• ... *Couraças de ferro:* espécie de uma armadura para as costas e o peito, no sentido de proteção, mostrando que eles eram quase imbatíveis.

• ... *Asas:* no sentido de mobilidade, agilidade, rapidez.

• ... *Ferrão na cauda, como escorpião:* o escorpião tem na cauda um ferrão, por meio do qual lança veneno para atacar suas vítimas, e sua picada provoca uma dor terrível.

• *Abadôn – hebraico – e Apoliôn – grego:* significa destruidor, exterminador.

• *Cavalos e cavaleiros que vestiam couraça cor de fogo, jacinto e enxofre:* "Os partos se caracterizavam pela ganância e crueldade. [...] Ao conquistar um território, costumavam arrasá-lo com fogo e enxofre. O enxofre faz explodir ambientes fechados, e sua fumaça mata".[39] Eram os grandes inimigos com potencial de guerra para vencer os romanos.

---

[39] BORTOLINI, José. *Como ler o Apocalipse.* São Paulo: Paulus, 1994. p. 86-87.

3. Em poucas palavras

E o julgamento continua... Deus está atento a tudo que acontece na terra. Ele sabe que os poderosos da época do Império Romano, como nos dias de hoje, utilizavam e utilizam o poder para cometer injustiças, guerras e usam de violência para intimidar e dominar. Jesus disse: "Todos os que usam a espada, pela espada morrerão" (Mt 26,52). Quem age com violência recebe violência. Eles vão provar do próprio veneno das maldades e injustiças, a não ser que se convertam. Mas o autor conclui dizendo que os homens não deixaram de adorar os demônios e vários ídolos. "Também não se converteram de seus homicídios, magias, fornicações e roubos" (9,21). Mais coisas vêm por aí. O que será que Deus planeja dessa vez?

10. O LIVRINHO DOCE E AMARGO

Os capítulos 10,1–11,14 são como uma reflexão e uma pausa para explicar melhor o julgamento de Deus e, não só isso, mostram também qual é o projeto de Deus no que diz respeito à conversão dos que praticam o mal e, ao mesmo tempo, qual é a missão da comunidade no testemunho de Jesus. João, antes de o anjo tocar a sétima trombeta, quer esclarecer algumas dúvidas, mostrar ainda mais o projeto de Deus e solenizar essa última trombeta. Lembre-se que ele também fez isso na abertura dos sete selos; no capítulo 6, são abertos 6 selos, depois há uma pausa e reflexão no capítulo 7, no qual se mostra a missão da comunidade, no anúncio e no testemunho de Jesus; e só no capítulo 8, é aberto o sétimo selo que, por sua vez, faz com que apareçam sete Anjos e sete trombetas 8,2–11,14.

No capítulo 10, há um misterioso livrinho, que é doce e amargo ao mesmo tempo, e, em 11,1-12, há a missão simbólica de duas testemunhas que ajudam a comunidade cristã a entender que, se alguns (ou muitos) forem mortos na defesa do evangelho e de Jesus, vão ressuscitar e receber uma vida nova no Céu.

Como entender esse livrinho do capítulo 10, que precisa ser comido e é doce e amargo ao mesmo tempo?

1. Texto e contexto

Seria bom que você lesse o capítulo 10. Num primeiro momento, descreve-se o Anjo que segurava na mão um livrinho aberto, com o pé direito no mar e o esquerdo na terra, e diz:

> Não há mais tempo. Quando o sétimo Anjo tocar a trombeta, então vai realizar-se o mistério de Deus, conforme Ele anunciou aos seus servos, os profetas! (10,6-7).
> Aquela mesma voz do céu, que eu já tinha ouvido, tornou a falar comigo: "Vá. Pegue o livrinho aberto da mão do Anjo que está de pé sobre o mar e sobre a terra". Eu fui, e pedi ao Anjo que me entregasse o livrinho. Ele falou comigo: "Pegue e coma. Será amargo no estômago, mas na boca será doce como mel". Peguei da mão do Anjo o livrinho e o comi. Na boca era doce como mel, mas quando o engoli, meu estômago virou puro amargor. Então me disseram: "Você tem ainda que profetizar contra muitos povos, nações, línguas e reis" (10,8-11).

10. O livrinho doce e amargo

É possível que João tenha usado como referência ou pano de fundo para a primeira parte do Anjo e do livrinho de Daniel 11,40–12,13 – se você quiser, poderá ler essa passagem. Lá se pede para Daniel guardar em segredo a mensagem e que lacre o livro até o tempo final (cf. Dn 12,4). E aqui diz que "não há mais tempo" e quando o Anjo tocar a trombeta, que é a sétima, vai realizar-se o mistério de Deus, conforme havia anunciado a seus servos, os profetas.

Já na segunda parte em que o livrinho deve ser comido e que é doce como mel, pode ter como pano de fundo a vocação do profeta Ezequiel 2,8–3,3: "Ele me disse: 'Criatura humana, coma isso; coma esse rolo, e depois vá levar a mensagem para a casa de Israel". Então eu abri a boca e ele me deu o rolo para comer. [...] Eu comi e pareceu doce como mel para meu paladar" (cf. Ez 3,1-3).

Quando se fala do rolo de pergaminho, ou só rolo, significa livro. Antigamente, não havia livros como há hoje. Tanto é verdade que, quando Jesus está na sinagoga, em Nazaré, em dia de sábado, para fazer a leitura, entregam-lhe "o rolo do profeta Isaías" e Ele o desenrolou e encontrou o texto... (Is 61,1-2). Depois, enrolou-o, entregou-o ao servente. Veja a Bíblia do Peregrino (Lc 4,16-21). Então, rolo e livro ou livrinho são seis por meia dúzia, ou seja, a mesma coisa. Mas há uma diferença entre o livro (rolo) que o profeta Ezequiel come e o livrinho que João come; o primeiro parece doce como mel e, já em João, na boca, ele é doce como mel, mas, no estômago, virou puro amargor. Não é fácil saborear e digerir a Palavra de Deus, embora seja doce; no testemunho do dia a dia, pode tornar-se amarga devido às perseguições e incompreensões por parte daqueles que não querem ouvir a verdade que a Palavra de Deus anuncia e muitas vezes denuncia.

Mas qual livrinho aberto é esse que é doce e amargo?

Pergunta difícil de responder e que alguns biblistas e estudiosos têm lá suas teorias e opiniões. De modo geral, uns pensam que se trata daquele livro com sete selos do capítulo 5: "Então, o Cordeiro veio receber o livro da mão direita daquele que está sentado no trono" (5,7); que era um livro escrito por dentro e por fora, e estava lacrado com sete selos, e só o Cordeiro, que é Jesus, era capaz de romper os selos e abrir o livro (cf. 5,1-5); nele estava escrito toda a história da humanidade: passado, presente e futuro. Lembrando que o futuro a Deus pertence.

Outros acham que pode ser um livrinho "diferente", que contém a visão das duas testemunhas (11,1-13) e também as visões do restante do Apocalipse (12–22).

Pela cena ser inspirada em Daniel, seria o livrinho da profecia de Daniel, que inspirou toda essa visão de João, essa é a opinião de Carlos Mesters e Francisco Orofino como sendo a mais provável.[40]

---

[40] MESTERS, Carlos; OROFINO, Francisco. *Apocalipse de São João*. A teimosia da fé dos pequenos. Petrópolis: Vozes, 2003. p. 229.

10. O livrinho doce e amargo

No capítulo 5, afirmei que o livro é simbólico e um instrumento importante para dizer que ele encerra toda a história da humanidade e do projeto de Deus. Ora, se Deus quer dar oportunidades aos que praticam o mal para se converterem (9,13-21), e transparece, neste capítulo, que tudo já havia sido anunciado por seus servos, os profetas (10,7), e o livrinho aberto, que João pegou da mão do Anjo, era doce e amargo ao mesmo tempo, penso, e não resta dúvida, em meu modo de entender, de que seja o Evangelho. É a última chance de conversão e mudança de vida, mesmo porque Jesus, como Filho de Deus e revelação do Pai, tem a última Palavra, e cabe a João e as comunidades cristãs anunciarem, ainda a muitos povos, nações, línguas e reis, que só a Palavra de Deus pode construir um mundo melhor. E, para isso, tanto eles, como nós cristãos, também temos de nos converter para que a Palavra de Deus seja vida em nossas vidas. Também José Bortolini em seu livro: "Como ler o Apocalipse", p. 90, afirma que "esse livrinho é o Evangelho, no qual encontramos o projeto de Deus". Cabe a você, leitor e leitora, definir que misterioso livrinho é esse. Mas entendo que o Evangelho seja esse livrinho aberto para todos nós que queremos construir um novo céu e uma nova terra (cf. Ap 21,1).

2. Tirando o véu

• *Livrinho aberto:* pode ser um símbolo e um instrumento para dizer que o passado, o presente e o futuro estão escritos por Deus. Apesar de várias opiniões, conforme colocamos acima, penso que esse livrinho aberto, doce e amargo, é o Evangelho de Jesus Cristo.

• *Pé direito no mar e o esquerdo na terra:* universalidade do que existe e foi criado, o mundo.

• *Não há mais tempo:* mas que tempo? Nosso tempo que, em grego, chamamos *chronos*, no sentido de cronologia e períodos da história, medidos pelo tempo do relógio, no sentido de cronômetro, ou o tempo de Deus que, em grego, chamamos *Kairós* – alguns escrevem *Kairos*? Em um momento, diz-se que não haverá mais tempo (10,6) e depois que haverá sim mais tempo para profetizar (10,11). Encontrei uma bela definição:

O *kairos* é o tempo de Deus que existe escondido dentro do tempo (*chronos*) da história e que só a fé consegue enxergar. O *Kairos* não se mede pelo tempo do relógio. É o tempo em que Deus passa na vida da gente para nos oferecer sua graça.[41]

3. Em poucas palavras

O tempo de Deus (*Kairós*) é muito diferente de nosso tempo (*Chronos*). Deus nos dá sua Palavra, em que seu pró-

---

[41] MESTERS, Carlos; OROFINO, Francisco. *Apocalipse de São João*. A teimosia da fé dos pequenos. Petrópolis: Vozes, 2003. p. 230.

prio Filho Jesus nos ensina qual é o caminho e a vontade do Pai. Coube às pessoas da época do Apocalipse, cabe às pessoas de hoje e do futuro, o desafio da conversão e da mudança de vida, de acordo com os ensinamentos de Jesus, pois só Ele "é o Caminho, a Verdade e a Vida" (Jo 14,6). Será que estamos dispostos, ainda hoje, a evangelizar e profetizar contra muitos povos, nações, línguas e reis?

11. AS DUAS TESTEMUNHAS

O sétimo selo (8,1) transforma-se em sete Anjos que, por suas vezes, tocam sete trombetas (8,2), e, antes do sétimo Anjo tocar (11,15), João mostra que o julgamento de Deus continua e que Ele dá aos que praticam o mal, ou aos que não têm na fronte sua marca, a chance de conversão e mudança de vida, mas eles se recusam a se converter (9,21), o que leva Deus a pedir a João para comer o livrinho, que consideramos ser o evangelho assimilado para profetizar ainda mais. Ocorre que profetizar contra muitos povos, nações, línguas e reis (10,11) é complicado e difícil e pode gerar a morte. É o que acontece em 11,1-12, em que duas misteriosas (?) testemunhas, que anunciam o Evangelho e denunciam as injustiças, são mortas pela Besta que sobe do Abismo e, por isso, até ocorreu festa entre os "habitantes da terra", que haviam sido incomodados por elas. Mas, depois de três dias e meio, elas recebem de novo o sopro de vida de Deus, voltam a viver e vão para o céu. Como entender a missão dessas duas testemunhas?

1. Texto e contexto

Num primeiro momento, João recebe um bastão para tirar as medidas do Templo de Deus, do altar e dos que lá estão em adoração, deixando de lado o pátio externo, que foi entregue ao poder das nações por quarenta e dois meses (cf. 11,1-2).

Esse texto possivelmente foi inspirado em Ez 40. Aqui está no sentido de ter controle, de saber a medida certa, ou seja, saber a medida dos que adoram a Deus e dos que a Ele são infiéis, saber distinguir e colocar os limites.

Na sequência, vem a missão das duas testemunhas que vão profetizar por mil, duzentos e sessenta dias:

> Essas duas testemunhas são as duas oliveiras e os dois candelabros que estão diante do Senhor da terra. [...] Elas têm o poder de fechar o céu, para que não caia nenhuma chuva enquanto durar sua missão profética. Elas têm também o poder de transformar as águas em sangue. [...] Quando elas terminarem seu testemunho, a Besta que sobe do Abismo vai combater contra elas, vai vencê-las e matá-las. [...] Depois dos três dias e meio, um sopro de vida veio de Deus e penetrou nos dois profetas. E eles ficaram de pé (11,4.6.7.11).

E depois subiram ao céu.

A mensagem é muito clara: testemunhar o evangelho, profetizar e denunciar podem levar à morte por parte dos detentores do poder. Mas só Deus tem poder sobre a morte e pode devolver de novo a vida, ou seja, ressuscitar-nos. A exemplo de Jesus, os que morrerem pela profecia vão ressuscitar e subir ao céu. O importante é que o autor do Apocalipse coloca testemunhas presentes no Antigo Testamento e de seu tempo. Ainda hoje e em todos os tempos do futuro, Deus sempre restabelece (e restabelecerá) a vida daqueles que morrem (e morrerão) no anúncio da Palavra e que lutam (e lutarão) por justiça, paz, amor e por um mundo melhor.

2. Tirando o véu

• *Tirar as medidas do Templo de Deus:* está no sentido de estabelecer limites, ter controle e medidas exatas da situação. Como o Templo havia sido destruído, no ano 70, pelos romanos, as comunidades cristãs eram agora a morada e a presença de Deus, e eram protegidas por Ele.

• *Mil, duzentos e sessenta dias, quarenta e dois meses, três anos e meio ou até três dias e meio*: 7 (sete), conforme já vimos, é o número da perfeição, da plenitude e da totalidade, ao passo que, três anos e meio, ou 42 meses, ou 1.260 dias, ou até mesmo três dias e meio significam imperfeição, ou um breve tempo que está sob o controle de Deus, pois só Ele é perfeito.

• *Duas testemunhas:* Jesus pede para os discípulos partirem em missão de dois em dois (cf. Lc 10,1). Em Dt

15,19, o testemunho só é válido com o depoimento de duas ou três testemunhas. Quando João diz *duas oliveiras e dois candelabros*, pode ter referência com Zacarias 4,1-3.14, tratando-se de Josué e Zorobabel.

• *Fechar o céu para que não caia chuva durante a missão profética:* aqui é Elias (cf. 1Rs 17,7.14).

• *Transformar água em sangue:* lembra a primeira praga do Egito (cf. Êx 7,19-20). Aqui é Moisés.

• *Vestidas de pano de saco:* modo de vestir e comportar-se; lembram penitência e conversão (cf. Jn 3,5-10). Mas essas duas testemunhas são simbólicas, pois o substantivo *martyria* está no sentido de fazer declarações como testemunha (*martys*). Ser mártir, ou seja, derramar seu sangue pela Palavra de Deus é testemunhar e ser testemunha de Jesus. São todos aqueles e todas aquelas que morrem ou derramam seu sangue em defesa da fé e por testemunhar o nome de Jesus.

• *Besta que sobe do Abismo*: o Império Romano (cf. 13,1).

• *Grande Cidade:* lembra aqueles que praticam o mal, como Sodoma e o Egito. E também Jerusalém, onde Jesus foi crucificado. Mas, na época de João, a grande cidade era Roma; nesse caso, as duas testemunhas podem ser também: Pedro e Paulo.

3. Em poucas palavras

As duas testemunhas, que anunciam o Evangelho de Jesus Cristo e que profetizam, são as pessoas de todos os tempos e de todos os lugares, que morrem defendendo a fé e o nome de Jesus Cristo. Mas para os que assim morrem é estabelecida uma nova vida, ou seja, ressuscitará e viverá eternamente no céu. Será que ainda hoje estamos dispostos a testemunhar Jesus?

12. O SÉTIMO ANJO TOCOU A TROMBETA...

Finalmente, chegou a hora em que o sétimo Anjo tocou a trombeta, desde o capítulo 5, quando foi apresentado um livro escrito por dentro e por fora, lacrado com sete selos e que somente o Cordeiro, que é Jesus, seria capaz de romper os selos e abrir o livro (cf. 5,1-5). Criou-se uma enorme expectativa para saber o que estava escrito nesse livro que contém toda a história da humanidade, passado, presente e futuro. No capítulo 6, são abertos e revelados seis selos, e no capítulo 8,1, o Cordeiro abre o sétimo selo, mas, ao invés de saber seu segredo e o revelar, João coloca os sete Anjos, que estão diante de Deus e que recebem sete trombetas, e o julgamento de Deus vai acontecendo, conforme vimos. Um alerta foi feito: "Não há mais tempo. Quando o sétimo Anjo tocar a trombeta, então vai realizar-se o mistério de Deus, conforme anunciou a seus servos, os profetas!" (10,6-7). Ao mesmo tempo, que parece ser o fim, mostra que é ainda necessário profetizar contra muitos povos, nações, línguas e reis (10,11). Mostra que é necessário que haja testemunhas para incomodar os poderosos e os que se sentem "habitantes da terra" (11,10). Fica um pouco confuso, criam-se mistérios, segredos, e a curiosidade dos leitores chega ao auge, todos na espera do que vai acontecer e como será o fim da história ou do julgamento de Deus. Mas quando o sétimo Anjo tocou a trombeta...

1. Texto e contexto

O sétimo Anjo tocou a trombeta. E vozes bem fortes começaram a gritar no céu:

A realeza do mundo passou para Nosso Senhor e para seu Cristo. E Cristo vai reinar para sempre.

Os vinte e quatro Anciãos que estão sentados em seus tronos diante de Deus ajoelharam-se e adoraram a Deus. Eles diziam:

–"Nós te damos graças, Senhor Deus Todo-poderoso, Aquele-que-é e Aquele-que-era. Porque assumiste o teu grande poder e passaste a reinar. As nações tinham se enfurecido, mas chegou a tua ira e o tempo de julgar os mortos, de dar recompensa aos teus servos, os profetas, aos santos e aos que temem o teu nome, pequenos e grandes, e o tempo de destruir os que destroem a terra" (11,15-18).

Para alguns que ainda não entenderam o que João preparou e seus segredos nesta obra, pode ser decepcionante este primeiro final. Sim, primeiro final, pois aqui termina a primeira parte, mas o Apocalipse continua e ainda falta descobrir os mistérios e a boa-nova da segunda parte (12–22). Muitas coisas vão acontecer ainda, o julgamento continua e um grande final virá por aí. É como se fosse um grande jogo de futebol, uma final de copa do mundo, em que jogam simplesmente o bem *versus* o mal, ou a vida *versus* a morte. Quem vencerá? Ainda estamos no primeiro tempo e o bem, que gera a vida, acaba de comemorar seu primeiro gol: "E vozes bem fortes começaram a gritar no céu". É no mundo de cima, ou no céu, que se celebra a primeira vitória, e isso será mais bem entendido pela letra e significado do cântico.

É necessário entender e interpretar aquilo que se canta: a letra diz que a realeza deste mundo passou agora para Nosso Senhor e para seu Cristo e que Cristo vai reinar para sempre. É o reinado de Deus presente neste mundo, é o bem que vence o mal e a vida que vence a morte. Mas como se dá esse reinado de Deus no mundo? Pela profecia (10,11) e pelas testemunhas que vivem e praticam o Evangelho, a Palavra de Deus, e estas testemunhas, conforme sabemos, são todos aqueles e todas aquelas que doam suas vidas no anúncio do evangelho, independentemente se serão martirizadas (mortas) ou não. Os que são mortos e também os que entregam suas vidas em defesa da fé e da vida nova vão ressuscitar.

Novamente, volta a descrever o trono, onde estão sentados os vinte e quatro Anciãos diante de Deus, que apareceram lá no capítulo 4, o que mostra unidade e coerência dessa primeira parte (4–11). Eles dão graças a Deus: "Aquele--que-é e Aquele-que-era". Se você observar em 1,4; 1,8; 4,8 etc., verá que sempre aparece a expressão: "Aquele-que-é, que-era e que-vem". Você constatará que faltou a expressão: "que-vem". Isso não foi um erro de quem escreveu ou esquecimento. João mostra agora que Deus e Jesus já estão reinando e que Jesus já veio e que: "Cristo vai reinar para sempre".

Mostra também que chegou o tempo em que Deus vai julgar os mortos e dar a recompensa a teus servos, os profetas, aos santos e aos que temem teu nome, pequenos e grandes, e o tempo de destruir os que destroem a terra (cf. 11,18). A justiça será feita: os que temem o nome de Deus, sejam os pequenos ou os grandes, terão suas recompensas, mas chegou o tempo de destruir os que destroem a terra. Então, você já entendeu que o julgamento continua e que ainda não será o fim. O tempo de Deus não é de acordo com nosso tempo.

Mas João é muito inteligente, e diz: "Abriu-se então o Templo de Deus que está no céu, e apareceu no Templo a arca da aliança. Houve relâmpagos, vozes, trovões, terremotos e uma grande tempestade de pedra" (11,19). Mas, se abriu o Templo de Deus que está no céu, se aparece a arca da aliança e se há a manifestação de Deus, algo muito importante está para acontecer ou já está acontecendo. É verdade, algo muito importante aconteceu e está acontecendo. Esse versículo finaliza a primeira parte (4–11) e, ao mesmo tempo, abre a segunda parte (12–22). Há um elo entre essas duas partes, um versículo de ligação, tanto é verdade que, em 12,1, temos: "Apareceu no céu um grande sinal...".

Segundo uma tradição antiga, recordada por 2 Macabeus 2,1-8, a arca da aliança desaparecera no tempo do profeta Jeremias. [...] Ao dizer que a arca reaparece no céu, o Apocalipse afirma ter chegado o tempo em que Deus mostrou-se misericordioso e reuniu seu povo.[42]

Deus caminha com seu povo, quer libertá-lo, quer dar-lhe uma vida nova.

Nesse final do primeiro tempo do jogo do bem e do mal, ou a primeira parte do Apocalipse, sabemos que mais coisas vêm por aí, haverá ainda todo o segundo tempo, ou a segunda parte do Apocalipse.

Dentro da atual arrumação do livro, a descrição da sétima praga não termina em Ap 11,19, mas continua nos capítulos 12–22, que têm como tema básico o *julgamento dos opressores*. [...] Em *Apocalipse 12–22*, João descreve o progressivo e irreversível triunfo de Deus sobre as forças do mal que operam por meio do Império Romano.[43]

Prepare-se: grandes acontecimentos estão por vir, grandes mistérios e segredos serão revelados e, mais do que isso: qual é a Boa-nova que o Apocalipse quer transmitir a todos nós?

---

[42] BORTOLINI, José. Como ler o *Apocalipse*. São Paulo: Paulus, 1994. p. 101.

[43] MESTERS, Carlos; OROFINO, Francisco. *Apocalipse de São João*. A teimosia da fé dos pequenos. Petrópolis: Vozes, 2003. p. 244.

13. UMA GRANDE BATALHA NO CÉU: A MULHER E O DRAGÃO

Chegou finalmente o momento tão esperado por todos os seguidores e seguidoras de Jesus, não há mais tempo ou adiamento, pois o inevitável acontece: a luta entre o grande Dragão e uma mulher grávida com dores de parto para dar à luz. Humanamente falando, a mulher não tem a mínima chance de vencer o Dragão, é uma batalha perdida... Será? O que está em jogo aqui é a luta entre o bem e o mal, ou seguindo o estilo apocalíptico: entre os anjos de Deus e os anjos do Diabo, ou do Dragão. Quem vencerá? Afinal de contas, como entender que o Dragão foi derrotado no Céu e vem para a terra, persegue a mulher e o resto dos filhos dela que obedecem aos mandamentos de Deus e mantêm o testemunho de Jesus?

Esse texto pode ser dividido em três partes: 1. A luta entre o grande Dragão e a mulher que está com dores de parto para dar à luz (12,1-6); 2. A grande batalha no céu entre Miguel e seus anjos e o Dragão e seus anjos, logo após o cântico da vitória (12,7-12); 3. O Dragão que vem para a terra e persegue a mulher e seus filhos (12,13-18).

1. Texto e contexto

> Apareceu no céu um grande sinal: uma mulher vestida com o sol, tendo a lua debaixo dos pés, e sobre a cabeça uma coroa de doze estrelas. Estava grávida e gritava, entre as dores do parto, atormentada para dar à luz. Apareceu, então, outro sinal no céu: um grande dragão, cor de fogo. Tinha sete cabeças e dez chifres. Sobre as cabeças sete diademas. Com a cauda ele varria a terça parte das estrelas do céu, jogando-as sobre a terra. O Dragão colocou-se diante da mulher que estava para dar à luz, pronto para lhe devorar o Filho, logo que nascesse. Nasceu o Filho da Mulher. Era menino homem. Nasceu para governar todas as nações com cetro de ferro. Mas o Filho foi levado para junto de Deus e de seu trono. A mulher fugiu para o deserto. Deus lhe tinha preparado aí um lugar onde fosse alimentada por mil, duzentos e sessenta dias (12,1-6).

Esse texto possivelmente é um dos mais conhecidos pelo povo, no que se refere ao Apocalipse. É utilizado em alguns momentos na liturgia e desperta grande curiosidade em todos nós. O autor do Apocalipse deixa claro, desde o início, que "apareceu no céu um grande sinal", referindo-se à mulher (12,1), depois coloca que apareceu "outro sinal no céu", que é o Dragão (12,3), e mais adiante, diz: "Eu vi no céu outro sinal grande e maravilhoso: havia sete Anjos prontos com sete pragas" (15,1).

Muito se discute sobre o significado dessa batalha no céu entre o Dragão e a mulher. Dir-se-ia que a maior discussão é sobre o significado da batalha no céu, entre Miguel e seus Anjos contra o Dragão e seus anjos. Mas vamos iniciar nossa reflexão em torno da mulher, que está em dores de parto para dar à luz um filho. Como sinal, é evidente que há grandes discussões entre os biblistas e nem sempre há consenso, e que bom que isso acontece, pois, como humanos, não somos capazes de penetrar nos mistérios de Deus, e por mais que os "doutores em apocalipse" afirmem isso ou aquilo, a verdade sempre irá além de todo e qualquer entendimento. Todavia, com o dom da inteligência que Deus dá a seus filhos e filhas, vários autores apresentam o melhor de si para que os seguidores e seguidoras de Jesus possam entender um pouco melhor a boa-nova do Apocalipse.

Uma mulher... Por quê? Poderia ser uma batalha no céu somente entre os anjos de Miguel e os anjos do Dragão (12,7-9). Poderia ser uma batalha entre o Cordeiro, que é Jesus, e o Dragão, ou a besta. Poderia descrever a vitória do bem sobre o mal de muitas outras maneiras, mas o autor preferiu colocar uma mulher em dores de parto, prestes a dar à luz. Um pouco mais a frente, coloca que esse grande Dragão é a antiga Serpente, que ele a chama de Diabo ou Satanás (12,9), capaz de seduzir os habitantes da terra.

E por falar em mulher e serpente, logo nos vêm à mente a criação, o paraíso, a árvore do conhecimento do bem e do mal, e, enganados pela serpente, Eva e Adão comem do fruto proibido (cf. Gn 1–3). Esse parece ter sido um texto utilizado pelo autor como pano de fundo para mostrar a força do mal existente no mundo, pois uma simples serpente, em Gênesis (3), passa agora a ser, no Apocalipse (12), um grande Dragão. Como o mal cresceu no mundo!

A serpente vai tentar Eva a comer o fruto proibido, e diz:

> Mas Deus sabe que, no dia em que vocês comerem o fruto, os olhos de vocês vão se abrir, e vocês se tornarão como deuses, conhecedores do bem e do mal. Então a mulher viu que a árvore tentava o apetite, era uma delícia para os olhos e desejável para adquirir discernimento. Pegou o fruto e o comeu; depois o deu também ao marido que estava com ela, e também ele comeu (Gn 3,5-6).

O restante da história é conhecida: Deus pergunta ao homem por que ele fez isso e ele responde: "A mulher que me deste por companheira deu-me o fruto, e eu comi" (Gn 3,12). E a mulher também se justifica: "A serpente me enganou, e eu comi" (Gn 3,13). O que leva Deus a dizer a serpente: "Eu porei inimizade entre você e a mulher, entre a descendência de você e os descendentes dela. Estes vão lhe esmagar a cabeça e você ferirá o calcanhar deles" (Gn 3,15).

Lamentavelmente, esse texto é mal compreendido e muitos acham que o pecado (ou o erro e a queda) surgiu no mundo por culpa da mulher e que, por essa razão, a humanidade perdeu o paraíso. Alguém já ouviu falar do fruto da "árvore do conhecimento do bem e do mal"? (Gn 2,9). A sabedoria e a Lei de Deus são comparadas, na Bíblia, às árvores. O homem e a mulher tinham pleno conhecimento do que era o bem e do que era o mal. E o homem só comeu o fruto porque ele também quis. Comer do fruto proibido era um modo de desobedecer a Lei de Deus e o verdadeiro bem para seguir outro caminho, o do mal.[44]

Observe que o autor do Apocalipse vai falar ainda sobre a esposa do Cordeiro (19,7), e a Nova Jerusalém é apresentada como "esposa que se enfeitou para seu marido" (21,2). Pode até ser uma "ousadia literária", mas penso que o autor do Apocalipse utilizou o sinal da mulher e o uniu à primeira criação para mostrar que lá a mulher e o homem juntos, não só a mulher sozinha, caíram na tentação de seguir a serpente e o caminho do mal. Agora a mulher e seu filho vão vencer o grande Dragão e ser protegida por Deus no caminho do bem e da vida. Além do mais, a mulher, que gera a vida e dá à luz ao projeto de Deus, é símbolo de um Novo Céu e uma Nova Terra. Queria o autor do Apocalipse tirar de vez o estigma de que o pecado entrou no mundo pela mulher ao mostrar o sinal da mulher que é mãe, que tem dores de

---

[44] Se você quiser adquirir mais explicações sobre Adão e Eva, o Paraíso, o fruto proibido, a nudez e a serpente, leia meu livro: ALBERTIN, Francisco. *Explicando o Antigo Testamento*. 5 ed. Aparecida: Santuário, 2011. p. 14-18.

parto, mas que dá à luz um Filho de Deus, o Cordeiro que vence o Dragão? Que a mulher como esposa é símbolo de um Novo Céu e uma Nova Terra? Não resta dúvida que a mulher é valorizada nesse livro e simboliza a vida nova. Tudo tem a ver com nosso modo de ver o significado da Palavra de Deus. Para uns, Maria Madalena é uma grande pecadora e prostituta. Para outros, ela é modelo de discípula para os discípulos homens, pois foi considerada digna por Jesus, devido a seu amor, de ser a primeira testemunha da ressurreição e da vida nova.

E a luta continua, dessa vez entre Miguel e seus Anjos e o Dragão e seus Anjos:

> Aconteceu então uma batalha no céu: Miguel e seus Anjos guerrearam contra o Dragão. O Dragão batalhou juntamente com seus Anjos, mas foi derrotado, e no céu não houve mais lugar para eles. Esse grande Dragão é a antiga Serpente, é o chamado Diabo ou Satanás. É aquele que seduz todos os habitantes da terra. O Dragão foi expulso para a terra, e os Anjos do Dragão foram expulsos com ele (12,7-9).

A batalha no "céu" é vencida por Miguel e seus Anjos, que marcam mais um gol em defesa da vida: o placar agora é de 2 a 0 para a vida contra a morte, ou o bem contra o mal.

Estamos diante de um texto de difícil explicação. O autor deixa claro que o Dragão é "a antiga serpente, é o chamado Diabo ou Satanás", que ele tem seus anjos e é

13. Uma grande batalha no céu: a mulher e o dragão

aquele que seduz os habitantes da terra. Os judeus, influenciados pela cultura da Mesopotâmia, acreditavam que os demônios (palavra grega: *daimon*, no sentido de espírito maligno) eram os responsáveis por várias doenças e desgraças.

A origem dos demônios explicava-se por meio da exegese de passagens bíblicas: nos livros apócrifos, os demônios são descritos como anjos decaídos. [...] A Igreja sempre ensinou que há espíritos pessoais maus, mas insistindo no fato de que são maus por sua própria vontade e não por criação.[45]

Por outro lado, "'Satã' ou 'Satanás' é palavra hebraica que significa 'adversário', 'opositor malvado'; a tradução grega foi quase sempre *diabolos*, que significa, entre outras coisas, 'acusar, caluniar, falsificar, enganar'".[46]

O texto de pano de fundo pode estar em várias passagens do profeta Daniel, de um modo específico em Dn 10,11-21. Como é um sinal e uma visão, é difícil tentar entender o modo pelo qual se deu essa batalha no céu. O que interessa ao autor é deixar claro que o Dragão, chamado de antiga serpente, Diabo ou Satanás, e que depois será descrito como o Império Romano e todos os que praticam o mal

---

[45] MACKENZIE, John L. *Dicionário Bíblico*. Tradução de Álvaro Cunha et al. 4 ed. São Paulo: Paulus, 1984. p. 226-227 (verbete Demônio).

[46] MATEOS, Juan; CAMACHO; Fernando. *Evangelho, figuras & símbolos*. São Paulo: Paulinas, 1992. p. 139.

e seduz os habitantes da terra, foi expulso do céu. "Agora realizou-se a salvação, o poder e a realeza de nosso Deus e a autoridade de seu Cristo. Porque foi expulso o acusador de nossos irmãos, aquele que os acusava dia e noite diante de nosso Deus" (12,10). Lembrando que existe um texto, no livro de Jó 2, em que Satã manda uma doença para Jó para testar a fidelidade dele a Deus. Agora, torna-se evidente que Deus expulsa todo e qualquer mal do céu.

Todavia, o Dragão e seus anjos vêm para a terra, onde terá outra batalha e ele também será vencido, não com guerra, armas de fogo e violência: "Eles, porém, venceram o Dragão pelo sangue do Cordeiro e pela palavra do testemunho que deram, pois diante da morte desprezaram a própria vida" (12,11). É o testemunho dos mártires e a Palavra de Deus, a força do bem que vence a força do mal.

> Quando viu que tinha sido expulso para a terra, o Dragão começou a perseguir a Mulher, aquela que tinha dado à luz um menino homem. [...] Cheio de raiva por causa da Mulher, o Dragão começou então a atacar o resto dos filhos dela, os que obedecem aos mandamentos de Deus e mantêm o testemunho de Jesus (12,13.17).

O povo do Apocalipse entendeu que esse era o momento presente em que vivia. O Dragão e seus anjos foram vencidos no Céu por Miguel e seus anjos e que "o Filho foi levado para junto de Deus e de seu trono. A mulher fugiu para o deserto" (12,5-6). Tanto a mulher como a comunidade são protegidas por Deus, o que lembra o Êxodo, a vitória sobre a opressão do Egito, o caminho para a liberdade rumo à Terra Prometida. Agora a arma para vencer o mal é o sangue do Cordeiro e o testemunho da Palavra. Isso o leva a resistir, mesmo porque sabe que ao Dragão "lhe resta pouco tempo" (12,12), embora mesmo ferido, ele ainda "está em pé na praia e no mar" (12,18). Não há outra saída a não ser manterem-se firmes na fé e no testemunho de Jesus. Se Deus protegeu a Mulher grávida e seu Filho contra o Dragão, Ele também irá proteger a comunidade e o "resto dos filhos dela" que testemunham Jesus.

2. Tirando o véu

• *A Mulher grávida, vestida de sol, tendo a lua debaixo dos pés, e sobre a cabeça uma coroa de doze estrelas:* há uma discussão entre os biblistas e, de modo geral, ela tem vários significados:

1. Eva, aquela que gera e dá a vida, a mãe dos seres viventes, entre ela e seus descendentes e a serpente e seus descendentes é criada uma inimizade. Enquanto a mulher vai esmagar a cabeça da serpente, esta vai ferir-lhe o calcanhar (cf. Gn 3,14-15). Já explicamos logo acima o sentido desse texto; por estar *vestida de sol, ter a lua debaixo dos pés*: no Apocalipse, a roupa tem tudo a ver com aquilo que somos, nossa identidade e maneira de ser. O sol lembra o

dia, a lua e a noite lembram as trevas. Seja como for, o autor diz que Deus protege a mulher e a vida sempre, ou, em outras palavras, de dia e de noite. *Doze estrelas:* já vimos que o número 12 revela as 12 tribos de Israel, ou o povo de Deus e também os 12 apóstolos e todos os seguidores e seguidoras de Jesus, o Novo Povo de Deus.

2. Essa mulher pode significar também a mãe que gera os filhos de Deus, o povo de Deus no Antigo Testamento.

3. Maria, a mãe de Jesus, a mãe da Igreja e das comunidades e a mãe de todos nós. Escolhida e protegida por Deus para ser a mãe de seu Filho Jesus (cf. Lc 1,26-56 etc.). Ainda mais que o texto diz claramente que esta mulher com dores de parto, deu à luz um menino homem que "nasceu para governar todas as nações com cetro de ferro. Mas o Filho foi levado para junto de Deus e de seu trono" (12,5).

4. As comunidades que seguem Jesus, que são perseguidas, muitas são martirizadas e dão testemunho de Jesus.

5. Pode ser símbolo de todas aquelas e aqueles (homens) que lutam para gerar projetos de vida e que, pela força do bem, lutam contra as forças do mal.

• *Dragão, cor de fogo, sete cabeças e dez chifres, sete diademas:* o autor já dá a dica do significado desse grande dragão, ele é a antiga Serpente, o Diabo ou Satanás. Em outras palavras: as forças do mal, que têm poder de seduzir os habitantes da terra. *Cor de fogo:* em algumas bíblias, como a do Peregrino, a cor é vermelha, e na Teb, vermelho-afogueado. Seja como for, a cor vermelha lembra sangue, violência e morte, e o fogo é aquele que devora, consume, destrói e arrasa tudo por onde passa. Bela imagem para descrever o Império Romano, ou o Dragão e seus anjos ou soldados, o qual, com seu exército, derrama sangue, provoca destruição e morte, e a isso se chama vitória. *Sete cabeças:* pode simbolizar as sete colinas que lembravam Roma. *Sete diademas:* lembra a coroa com que o rei ou a rainha usava com pedras preciosas, poder, luxo e riqueza. *Dez chifres:* significa o poder – já explicamos mais detalhado todo o seu sentido no capítulo 5, quando foi dito que o Cordeiro, que é Jesus, tem sete chifres, o número 7 (sete) significa a plenitude, a totalidade e a perfeição, e quanto ao Dragão que tem 10 chifres, não significa que tem mais poder que Jesus, pois mesmo 10 sendo mais que 7, na Bíblia, o número 10 significa um poder imperfeito.

• *Miguel:* Anjo de Deus, que significa "Quem é como Deus?"

• *Vômito do Dragão:* penso que significa mal-estar, aquilo que é podre, sujo, nojento e detestável, males que eram praticados pelos detentores do poder da época.

• *Estar de pé na praia e no mar:* significa que o Dragão, o Império Romano e as forças do mal dominam a terra (praia) e o mar, ou seja, toda a terra.

3. Em poucas palavras

Aqui temos uma grande batalha entre as forças do bem e as forças do mal: de um lado, a mulher grávida, que em dores de parto, está prestes a dar à luz. Jesus refere-se de modo carinhoso em um de seus ensinamentos ao dizer: "Quando a mulher está para dar à luz, sente angústia, porque chegou sua hora. Mas quando a criança nasce, ela nem se lembra mais da aflição por ter posto um homem no mundo" (Jo 16,21), ou uma mulher no mundo. Apesar das ameaças do Dragão e das forças do mal, um menino, que é Jesus, nasce para governar as nações e depois é levado para junto de Deus e de seu trono.

Ainda hoje, há Dragões violentos que devoram vidas, liberdades, dignidades e sonhos. As forças do mal daquele tempo e de hoje parecem ser mais poderosas e eficientes que as forças do bem. Não podemos esquecer que o autor mostra que o Dragão veio para a terra. Outras batalhas virão ao longo desse livro, e o julgamento decisivo já está acontecendo. O que podemos fazer diante do grande Dragão, que é o capitalismo? Diante dos sistemas econômicos excludentes? De um mundo dividido entre ricos e pobres?

Deus protege as comunidades perseguidas da época do Apocalipse e de hoje, bem como todos aqueles e aquelas que buscam a vida, a justiça e um mundo melhor.

14. E O NÚMERO DA BESTA É 666

Chegamos ao capítulo 13 e aqui o autor coloca a questão de duas bestas, uma que sai do mar e outra que sai da terra; elas recebem todo o poder e a autoridade do Dragão. O Dragão perdeu a batalha no céu, vencida por Miguel, que significa: "quem é como Deus?". Todavia, o Dragão é derrotado e frustrado em sua pretensão de ocupar o lugar de Deus, é expulso do céu, mas vem para a terra e aqui seu reinado parece absoluto: "Quem é como a Besta? E quem pode lutar contra ela?" (13,4).

Nesse texto, o autor vai descrever o grande poderio econômico, social, militar e ideológico do Grande Dragão e suas duas bestas, que, na verdade, é o Império Romano e todos os que praticam o mal. Mas é tão assustador para aquele tempo, como para hoje essa afirmativa em relação à besta: "Foi permitido a ela guerrear contra os santos e vencer" (13,7). E a morte marca seu primeiro gol contra a vida, agora está 2 x 1. Não deixa de ser intrigante a astúcia do autor em apelar para a inteligência e dizer que o número da besta é um número de homem: é 666. Como interpretar tudo isso e desvendar os segredos do misterioso número 666?

1. Texto e contexto

O texto inicia-se, dando continuidade ao capítulo 12, quando o Dragão está em pé na praia e no mar. E tem uma estreita ligação com o capítulo 11, em relação as duas testemunhas, que se diz: "quando elas terminarem seu testemunho, a Besta que sobe do Abismo vai combater contra elas, vai vencê-las e matá-las" (11,7). João é mestre em estabelecer relações em seus escritos. Num primeiro momento, afirma que vê uma besta que subia do mar e a descreve de acordo com o Dragão (12,3), com pequena diferença, ou seja, ao invés de 7 diademas em cima da cabeça, agora são 10 em cima dos chifres, e a questão dos nomes blasfemos sobre as cabeças.

> Uma das cabeças da Besta parecia ferida de morte, mas a ferida mortal foi curada. A terra inteira se encheu de admiração e seguiu a Besta, e adorou o Dragão por ter entregue a autoridade à Besta. E adoraram também a Besta, dizendo: "Quem é como a Besta? E quem pode lutar contra ela?" [...] Foi permitido a ela guerrear contra os santos e vencer. Recebeu autoridade sobre toda tribo, povo, língua e nação. Então todos os habitantes da terra adoraram a Bes-

14. E o número da besta é 666

ta. Mas, o nome deles não está escrito desde a criação do mundo no livro da vida do Cordeiro imolado (13,3-4.7-8).

Convido você, leitor e leitora, a fazermos juntos um exercício bíblico. Afirmamos que João utiliza bastante os escritos do Antigo Testamento, mas de um modo livre e muitas vezes criativo. O livro preferido de João é o do profeta Daniel, que o escreveu em linguagem apocalíptica. Vale ressaltar que o povo da época do Apocalipse conhecia bem esse tipo de linguagem e conhecia também vários textos bíblicos do Antigo Testamento. Pegue a Bíblia e leia atentamente Daniel, capítulo 7. Você viu que, em uma visão, o autor descreve a história dos impérios e seus reinados. Logo após, mostra que é Deus quem dirige a história, o tempo, o mundo e tudo o que nele há. Mais do que isso, mostra que somente o reinado de Deus é eterno. Vamos comparar alguns textos de Daniel com os capítulos 12, 13 e 14 do Apocalipse:

1. Dn 7,2-6 com Ap 13,1-2: as feras vistas por Daniel surgiram do mar e a primeira parecia com um leão, a segunda com um urso e a terceira com um leopardo. Agora compare que a besta, vista por João, parecia um leopardo (Bíblia TEB) e seus pés eram de urso e a boca era de leão.

2. Compare a visão da quarta fera (Dn 7,7-8) com o Dragão (Ap 12,3-4 e 13,1) e veja quantas semelhanças há;

3. Dn 7,21 diz: "observando, vi que esse chifre fazia guerra contra os santos e os derrotava". Sobre a besta: "Foi permitido a ela guerrear contra os santos e vencer" (Ap 13,7).

4. "Os fiéis serão entregues em suas mãos por três anos e meio" (Dn 7,25). "Recebeu também o poder para agir durante quarenta e dois meses" (Ap 13,5). Ambas têm um poder limitado: por três anos e meio ou quarenta e dois meses.

5. Compare as obras da quarta fera de Daniel 7,19-25 com as obras da segunda besta Ap 13,11-17.

6. Compare Dn 7,9-10 com Ap 14,1-4.

7. "Em minhas visões noturnas, tive esta visão: entre as nuvens do céu vinha alguém como um filho de homem. Chegou até perto do Ancião e foi levado a sua presença. Foi-lhe dado poder, glória e reino, e todos os povos, nações e línguas o serviram. Seu poder é um poder eterno, que nunca lhe será tirado. E seu reino é tal que jamais será destruído" (Dn 7,13-14); "Depois disso olhei: havia uma nuvem branca, e sobre a nuvem alguém estava sentado. Parecia um Filho de Homem. Tinha na cabeça uma coroa de ouro, e nas mãos uma foice afiada" (Ap 14,1).

Observe que o autor do Apocalipse utiliza três vezes o verbo adorar: adorou e adoraram (13,4.8). Ora, só se adora a Deus. Jesus mesmo diz ao diabo: "Você adorará ao Senhor seu Deus e somente a Ele servirá" (Mt 4,10). A essa pretensão de querer ser como um "deus", o autor chama blasfêmia, ou seja, palavras ofensivas contra Deus e ter a falsa pretensão de querer ocupar o lugar de Deus. Mesmo sendo permitido à besta lutar contra os santos e vencer, a comunidade do Apocalipse sabia que esse era seu momento presente, perseguição, sofrimento e morte, o que era evi-

14. E o número da besta é 666

dente é que esse poder era limitado: "quarenta e dois meses". Além do mais, essa primeira besta que tem autoridade e poder de governar "o mundo", de perseguir e matar, não pode garantir a vida eterna, pois só o Cordeiro imolado, que é Jesus, possui o "Livro da vida" (13,8).

"O reino, o império e a grandeza de todos os reinos que existem debaixo do céu serão entregues ao povo dos santos do Altíssimo. Seu reino será um reino eterno, e todos os impérios o servirão e lhe prestarão obediência" (Dn 7,27). Em relação ao livro da vida, há também em Daniel: "Então seu povo será salvo, todos os que estiverem inscritos no livro" (Dn 12,1).

Outro texto um pouco "estranho" é o conselho de João aos santos, ou seja, aos cristãos seguidores e seguidoras de Jesus:

> "Se alguém tem ouvidos, ouça: Se alguém está destinado à prisão, irá para a prisão. Se alguém deve morrer pela espada é pela espada que deve morrer. Aqui se fundamenta a perseverança e a fé dos santos" (13,9-10).

Jesus já havia dito:

> Não tenham medo daqueles que matam o corpo, mas não podem matar a alma. [...] Portanto, todo aquele que der testemunho de mim diante dos homens, também eu darei testemunho dele diante do meu Pai que está no céu. [...] Quem procura conservar a própria vida, vai perdê-la. E quem perde sua vida por causa de mim, vai encontrá-la" (Mt 10,28.32.39).

A nosso ver, João inspira o conselho aos cristãos tendo por base os ensinamentos de Jesus nesse texto. Acima desta vida passageira no mundo, há a verdadeira vida, a vida eterna e esta só Jesus é capaz de dar.

Também nas sete cartas às comunidades, em todas elas aparecem a mesma expressão: "Quem tem ouvidos, ouça". Especificamente, há:

> Não tenha medo do sofrimento que vai chegar. O diabo vai levar alguns de vocês para a cadeia. Será para vocês uma provação. Mas a tribulação não vai durar mais que dez dias. Seja fiel até à morte. Eu lhe darei em prêmio a coroa da vida. Quem tem ouvidos, ouça o que o Espírito diz às igrejas (2,10-11).

Resumindo: os santos têm de se manter firmes na fé, no anúncio da Palavra de Jesus, na denúncia de tudo o que leva à morte e no testemunho, e se preciso for, a exemplo de Jesus, doar a própria vida. "Quem tem ouvidos, ouça".

Logo após, o autor tem a visão de outra (ou segunda) Besta:

> Depois disso, vi outra Besta sair da terra. Tinha dois chifres como cordeiro, mas falava como dragão. [...] Por causa do poder de fazer essas maravilhas, sempre na presença da primeira Besta, a segunda Besta acaba seduzindo os habitantes da terra. Ela seduz a humanidade a fazer uma imagem em honra da Besta que tinha sido ferida pela espada, mas que voltou à vida. Foi-lhe permitido até mesmo in-

14. E o número da besta é 666

fundir espírito na imagem da primeira Besta, de modo que esta pudesse falar e fazer com que morressem todos os que não adorassem a imagem da primeira Besta. A segunda Besta faz também com que todos, pequenos e grandes, ricos e pobres, livres e escravos, recebam uma marca na mão direita ou na fronte. E ninguém pode comprar nem vender se não tiver a marca, o nome da Besta ou o número de seu nome (12,11.14-17).

E o jogo entre a vida e a morte está disputado, difícil e complicado. Ao dizer que foi permitido à besta guerrear contra os santos e vencer (13,7). Vimos que a morte e as forças do mal marcaram seu primeiro gol. E o pior acontece: soltaram a bola na linha de meio campo, as forças do mal tomam a bola e, no minuto seguinte, num contra-ataque rápido e fulminante, a Besta recebe autoridade sobre toda tribo, povo, língua e nação e onde os habitantes da terra adoraram a Besta (13,7-8) e, com isso, ela marca o segundo gol e empata o jogo em 2 x 2. Minutos depois, o inesperado acontece: todos, pequenos e grandes, ricos e pobres, livres e escravos, recebem a marca da Besta (13,16-17), e a morte e as forças do mal marcam mais um gol e viram o jogo para 2 x 3. Surge um verdadeiro pesadelo: a morte e as forças do mal têm o jogo nas mãos e o cenário parece ser de uma goleada. A vida parece perder o controle do jogo que está nas mãos da morte. E agora?

Veja que a segunda Besta está intimamente ligada à primeira. Ela faz com que os habitantes da terra adorem a primeira Besta, cuja ferida mortal havia sido curada. Tem o poder em suas mãos, pois seja quem for, a que classe pertencer, ninguém pode comprar ou vender se não tiver sua marca. Que marca é essa? Quem, afinal de contas, é a primeira Besta e quem é a segunda? E mais... O autor diz que a Besta tem um número e diz: *"Aqui é preciso entender: quem é esperto, calcule o número da Besta; é um número de homem; o número é seiscentos e sessenta e seis"* (13,18). O autor dá-nos duas dicas: a Besta é um número de homem e é 666. De uma vez por todas: o que está por detrás desse misterioso número 666?

Vamos a nossa seção: *"tirando o véu"* e revelar o significado de tudo isso.

2. Tirando o véu

• *A Besta que subia do mar parecia uma pantera com pés de urso e boca de leão*: este bicho ou animal recebe o poder, o trono e a autoridade do Dragão e, no final, é dito que o número da Besta é um número de homem. Isso lembra então os imperadores romanos e todos aqueles que governam, tendo, por base, a exploração, a violência, a morte, e a autoridade recebida vem do Império Romano, ou seja, do Dragão. Em poucas palavras: todos os homens que se desumanizam viram "feras" ou bichos. É comum, na Bíblia, comparar os grandes impérios opressores a "animais" (Ez 32, Dn 7; Jr 51,34; Ap 12–13 etc.). Até mesmo Jesus, quando recebe a notícia de que o rei Herodes queria matá-lo, diz: "Vão dizer a essa raposa..." (Lc 13,32). Raposa é um animal esperto e ágil. Todavia, diante do Leão que é o rei da selva, é considerada insignificante. *Mar*, na Bíblia, significa as forças do mal. *Pantera*, conforme vimos acima, em Daniel 7, significa o Império Persa. O *urso* significa o Império Medo. E a *boca de leão*, o Império Babilônico.

• *Uma das cabeças da Besta parecia ferida de morte, mas a ferida mortal foi curada*: aqui temos de voltar ao tempo e entender o contexto da época do Apocalipse. O Imperador Nero governou de 54-68 d.C.; foi sanguinário, violento, arrogante e parecia mais uma "Besta do que um homem", de acordo com o autor do Apocalipse, todavia era um homem.

Circulou a lenda de que ele não morrera (estava "como que ferido de morte"), mas que fugira para Partia, onde se tornou muito querido e voltaria a reclamar seu trono. Uma lenda parecida nos círculos apocalípticos afirmava que Nero havia morrido, mas que retornaria do mundo dos mortos para reassumir seu trono.[47]

• *Segunda Besta que opera grandes maravilhas e seduz a humanidade:* tudo indica que seja o Imperador

---

[47] ARENS, Eduardo; MATEOS, Manuel Díaz. *O Apocalipse*: a força da esperança. Tradução de Mário Gonçalves. São Paulo: Loyola, 2004. p. 220-221.

Domiciano (81-96 d.C.) que estava governando na época do Apocalipse e significa o tempo presente. Ele fez grandes maravilhas ao inaugurar o famoso Coliseu, em Roma, por sua política, o que ficou conhecido pela história como "circo e pão", ou seja, diversão, grandes jogos, festas, celebrações, solenidades e outros que encantavam a todos e seduzia a humanidade. Conhecido principalmente pelo culto ao imperador, onde obrigava todos a prestar culto aos imperadores, inclusive gostava de ser chamado de "Senhor deus".

• *Marca na mão direita ou na fronte:* se você tomar a Bíblia escrita em grego – *Novum testamentum graece*, de Nestle-Aland, XXVII Edição –, verá que a palavra em grego é *cháragma*, o que é traduzida, pelo Léxico do N.T. Grego/Português, como *marca ou estampa*. Pode estar em dois sentidos: 1. pode ser no sentido do selo do imperador, utilizado em documentos oficiais para selar e dar autoridade ou; 2. como são todas as classes que recebem esta marca e "ninguém pode comprar nem vender se não tiver a marca" (13,17). A dica do autor pode ser no sentido econômico, ou seja, da moeda utilizada para comprar e vender e nela havia cunhada a efígie do imperador. Jesus mesmo questiona aos partidários de Herodes quando eles lhe perguntam se é lícito ou não pagar imposto a César: "'De quem é a figura e inscrição nesta moeda?' Eles responderam: 'É de César'" (Mt 22,20-21). As moedas tinham cunhada em si a figura do imperador, e só podia comprar ou vender quem estava no sistema político (selo do imperador) e portava as moedas romanas com a figura do imperador. Ou entrava no sistema ou saía dele e sofria as consequências de estar fora dele. *Mão direita*, no sentido de ação, de fazer, e *fronte*, no sentido de mente, decisão, cabeça. Era o ser todo envolvido pelo sistema, simbolizado pela fronte e a mão.

• *Santos:* no Apocalipse são os cristãos, ou seja, os seguidores e as seguidoras de Jesus.

• *"Vi outra Besta sair da terra. Tinha dois chifres como cordeiro, mas falava como dragão":* no apocalipse, o cordeiro é Jesus e a Besta é um animal medonho que produz grande mal à humanidade, é um imperador ligado ao Império Romano (dragão). João não perde a oportunidade de deixar claro que uma coisa é o cordeiro e outra coisa bem diferente é a besta, embora o imperador gostasse de ser chamado de "Senhor deus" e tivesse a ousadia de parecer como "deus" (cordeiro). Na verdade, era uma besta. Algumas pessoas acham que a besta 666 é o Anticristo. Se você tomar a Bíblia, Edição Pastoral, e olhar o título em negrito que é colocado no capítulo 13, há: **"O poder político absolutizado é o Anticristo"**. Não há informação, ao longo das notas de rodapé, sobre a compreensão da palavra Anticristo. Todavia, na 1 Carta de João 2,18-27, há: "Anticristos são aqueles que rejeitam Jesus como Cristo, isto é, como Messias e Salvador; desse modo, rejeitam o Pai e, portanto, a própria vida".⁴⁸ Jesus já havia alertado: "Porque vão aparecer falsos messias e falsos profetas, que farão sinais e prodígios para enganar até mesmo os eleitos se fosse possível" (Mc 13,22). Na 1 Carta de João, há:

> Filhinhos, já chegou a última hora. Vocês ouviram dizer que o Anticristo devia chegar? Pois vejam quantos anticristos já vieram! Daí reconhecemos que a última hora já chegou. Esses anticristos saíram do meio de nós, mas não eram dos nossos. Se tivessem sido dos nossos, teriam permanecido conosco. [...] Quem é o mentiroso? É quem nega que Jesus é o Messias. Esse tal é o Anticristo, aquele que nega o Pai e o Filho (1Jo 2,18-19.22).
>
> Todo aquele que não reconhece a Jesus, não fala da parte de Deus. Esse tal é o espírito do Anticristo; vocês ouviram dizer que ele vinha, mas ele já está no mundo.
>
> Filhinhos, vocês são de Deus e já venceram os Anticristos, pois aquele que está com vocês é maior do que aquele que está com o mundo (1 Jo 4,3-4).

Na palavra Anticristo, há o prefixo *Anti*, que significa contrário, e Cristo, que significa o ungido, o escolhido para ser nosso Salvador. Em poucas palavras, são todos aqueles que são contra ou contrários a Jesus Cristo. De modo analógico, dizer que aqueles que praticam o mal, o Império Roma-

---

[48] BÍBLIA EDIÇÃO PASTORAL. 74 ed. São Paulo: Paulinas, 1993. p. 1508 (nota de rodapé).

no, são contrários ao projeto de amor, de vida e de justiça de Jesus, é correto. Mas identificar a Besta 666 como se fosse o Anticristo,[49] a nosso ver, é errado. Isso por alguns motivos:

1. No livro do Apocalipse, não aparece nenhuma vez a palavra Anticristo que, conforme vimos acima, aparece por diversas vezes na 1 Carta de João. E lá os anticristos "saíram do meio de nós, mas não eram dos nossos" (1Jo 2,19). Tem a ver com pessoas da própria comunidade cristã que se desviaram da verdade, que é Jesus, e negam a humanidade de Jesus e são mentirosos;

2. Para o autor do Apocalipse, é 8 ou 80, conforme já dissemos na introdução, ou seja, ou pertence a Jesus, que é a força do bem e o cordeiro, ou pertence ao Império, que é a força do mal, da besta ou do dragão.

3. O autor do Apocalipse deixa claro que a Besta que sai da terra *"tinha dois chifres como cordeiro, falava como dragão"* (13,11). E mostra que essa besta, na verdade, tinha um número de homem, que era 666, conforme veremos o significado logo abaixo. Daí por que também não é correto pensar que essa besta 666 era o Anticristo e até mesmo ficar comparando-a como se fosse, ao longo da história, esse ou aquele império, ou Hitler, ou qualquer outro ditador que te-

---

[49] "Identificar o 666 como o 'anticristo' é incorreto, porquanto esse qualificativo não ocorre no Ap, mas em 1Jo 2,18; 4,3 e 2Jo 7, no qual se refere a falsos profetas na comunidade, não a uma 'besta', que não é parte da comunidade" (ARENS, Eduardo; MATEOS, Manuel Díaz. *O Apocalipse*: a força da esperança. Tradução de Mário Gonçalves. São Paulo: Loyola, 2004. p. 225, nota de rodapé 95).

nha causado grande mal à humanidade, ou como se fosse o capitalismo, o comunismo ou qualquer outro sistema.

• *666:* no Alfabeto hebraico e grego, as letras têm um valor numérico. Cada letra corresponde a um número. No hebraico, não há as vogais, daí por que não são somadas. O autor dá a dica: "Aqui é preciso entender: quem é esperto, calcule o número da Besta; é um número de homem; o número é seiscentos e sessenta e seis" (13,18). Há consenso entre boa parte dos biblistas que João se refere ao Imperador César Nero. Assim, há:

Q	eS	aR	N	eR	V	N
100	60	200	50	200	6	50 = 666

666: são três vezes o número 6, que é considerado um número Imperfeito, pois o 7 (sete) é o número perfeito. Seria assim o máximo da imperfeição. O poder de Nero (primeira besta) já passou e o de Domiciano (segunda besta) é imperfeito e passageiro, limitado, só por algum tempo. A fé deve resistir diante da morte e da opressão. Só Deus possui a vida.

3. Em poucas palavras

O Dragão, que simboliza o Império Romano, vai manifestar todo o seu poder por intermédio das duas bestas, inclusive de guerrear contra os santos e vencer. Elas têm o poder de seduzir os habitantes da terra e quem não tem sua marca não pode comprar ou vender. Mas seu poder é limitado, e Deus não permitirá que elas dominem a terra, ou seja, Deus vai agir e a batalha entre o bem e o mal continuará nos capítulos seguintes, e chegará o grande dia do julgamento definitivo, em que as forças do mal serão destruídas, pois só o Cordeiro, que é Jesus, possui o livro da vida.

15. O CORDEIRO E OS VIRGENS

Atenção: caríssimos, leitor e leitora, estamos, a nosso ver, diante de uma espécie de dobradiça do Apocalipse, ou seja, diante de um eixo comum que liga a primeira e a segunda parte, e esta última iniciou-se em 12,1.

Não é só isso. De acordo com o plano do autor, em 12,18, o Dragão ficou em pé na praia do mar. Penso que o autor deixa claro, para sua comunidade e em seus escritos, que agora é o tempo presente, entra, pois, a dobradiça, que liga também o passado ao futuro. Se bem que é um pouco confuso falar de tempo no Apocalipse. Há certa tensão entre passado/presente/futuro, depende do modo pelo qual o interpretamos, talvez fosse melhor dizer entre as coisas já reveladas e as que serão ainda reveladas, pois o que interessa é a boa-nova, a grande mensagem da Palavra de Deus, a qual quer nos transmitir o autor. Mas, por outro lado, não resta dúvida de que, ao dizer em 14,1 que o Cordeiro estava de pé sobre o monte Sião e tendo em vista que já aconteceu uma grande batalha no céu (12), onde o Dragão é expulso por Miguel e seus anjos e ele fica de pé na terra, guerreia e vence os santos, onde os habitantes da terra adoram a besta e ninguém pode comprar ou vender se não tiver sua marca, é evidente que o Cordeiro, que é Jesus, não pode abandonar seus marcados e eleitos, que clamam por justiça, e deixar que tantos derramem seu sangue e morram pela espada. Torna-se evidente ainda que haverá também uma batalha entre o Cordeiro e o Dragão, agora na terra. No céu (12), uma mulher grávida, em dores de parto, dela nascido um menino, com a proteção de Deus, vai para o deserto e seu filho foi levado para junto de Deus e de seu trono. Agora, na terra (13), o poder pertence ao Dragão e suas duas bestas, que vencem tudo e todos, inclusive têm poder de matar os santos.

Finalmente, em 14,1, vemos que também o Cordeiro está de pé. Inicia-se então uma grande batalha: teria o Cordeiro forças suficientes para derrotar o Dragão e as duas bestas? Essa dobradiça do capítulo 14 funciona em vista do passado e tudo o que Deus e Jesus já realizaram. No presente, iniciam-se as coisas que vão acontecer no futuro, mas não num futuro distante, como diz o autor "as coisas que devem acontecer muito em breve" (1,1).

Começa, neste capítulo, o que podemos chamar das visões que envolvem uma grande batalha entre o bem (Cordeiro e seus seguidores) e o mal (Dragão, bestas e seus seguidores), em que se terá o que podemos chamar de o último julgamento, que vai acontecer nos capítulos 14–16, passar pela derrota da grande prostituta, que é Roma (17–18) e prolongar até a derrota definitiva de todo e qualquer mal (19–20).

1. Texto e contexto

O texto começa falando sobre o Cordeiro e os 144.000 que traziam a fronte marcada com o nome de Jesus e de Deus Pai. Há também um misterioso cântico que ninguém poderia aprender a não ser os virgens.

> Depois disso, tive esta visão: o Cordeiro estava de pé sobre o monte de Sião. Com Ele, os cento e quarenta e quatro mil que traziam a fronte marcada com o nome dele e o nome de seu Pai. Ouvi uma voz que vinha do céu; parecia o barulho de águas torrenciais e o estrondo de um forte trovão. O barulho que ouvi era como o som de músicos tocando harpa. Estavam diante do trono, dos quatro Seres vivos e dos Anciãos e cantavam um cântico novo. Era um cântico que ninguém podia aprender; só os cento e quarenta e quatro mil marcados que foram resgatados da terra. São os que não se contaminaram com mulheres; são virgens. Eles seguem o Cordeiro aonde quer que Ele vá. Foram resgatados do meio dos homens e foram os primeiros a ser oferecidos a Deus e ao Cordeiro. Em

sua boca nunca foi encontrada a mentira. São íntegros!" (14,1-5).

Sobre o significado dos 144.000 mil que foram marcados, já comentamos em detalhes no capítulo 7 e lá vimos que significa a universalidade de todos os povos e que: "Depois disso eu vi uma grande multidão, que ninguém podia contar" (7,9). Todos os povos que estavam de pé diante do Cordeiro são os seguidores e as seguidoras de Jesus de todos os tempos. Se se sentir a necessidade de recordar esse texto (7), leia-o novamente.

Certa manhã, chegou um rapaz todo angustiado e até quase em desespero e disse: "Padre, eu estava lendo o Apocalipse e li que só quem é virgem, que não se contaminou com mulheres, pode aprender o cântico e seguir o Cordeiro, que é Jesus. E agora, padre, como faz? Eu não sou mais virgem..."

Alertamos, no início deste nosso livro, na introdução, o perigo de tentar interpretar o livro do Apocalipse, ou qualquer outro da Bíblia, de modo fundamentalista e literal. Respondi a ele que o sentido de virgem, nesse texto, não tinha nada a ver com o sentido de relacionamento sexual entre homem e mulher. Esses "virgens" são aqueles que, em sua boca, não foi encontrada mentira, que são íntegros e procuram seguir o bem e evitar o mal. São aqueles que assumem a "marca" do batismo de lutar por um mundo melhor, com mais amor, justiça e paz;

15. O cordeiro e os virgens

são pessoas que seguem os ensinamentos de Jesus. Na linguagem profética e figurada do Antigo Testamento, há todo um contexto em que Deus é o esposo e nós (a humanidade) a esposa, e temos de nos manter fiéis ao projeto dele e não nos prostituir ou contaminar com outros deuses ou ídolos, seguindo o caminho do mal, da injustiça e da violência. Em síntese, os virgens aqui não estão no sentido sexual, são aqueles e aquelas que não se contaminaram com a idolatria. Nos capítulos 17 e 18, entraremos em maiores detalhes sobre a questão da prostituição e idolatria.

Como você deve ter percebido nesse capítulo que chamamos de *dobradiça do Apocalipse*, o autor faz uma mistura de outros textos anteriores. Só para citar alguns: os Seres vivos, os Anciãos, o trono, o Cordeiro, os 144.000 marcados (cf. 4–7). O Evangelho eterno está relacionado com o livrinho aberto, em 10,2; a questão dos Anjos, que estão presentes em todo o livro; adorar a besta e trazer sua marca (cf. 13); e até o que virá depois, como a queda da grande prostituta, a Babilônia (cf. 17–18). Quanto ao julgamento (14,14-20), está repleto de citação do Antigo Testamento, principalmente Joel 4,9-17, Daniel 7,13-14, e, no Novo Testamento, várias parábolas de Jesus sobre a questão do Julgamento, dentre outras, a parábola do joio e do trigo (cf. Mt 13,24-30.36-43). Não vamos aqui entrar em todas as citações, poderíamos perder-nos em detalhes e correr o risco de esquecer o essencial, que é a linda mensagem de vida desse capítulo.

De modo geral, o autor vê três Anjos (14,6-13) e depois uma grande visão do Filho do Homem no julgamento (14,14-20). De modo resumido, há:

"Depois disso, vi outro Anjo que voava no meio do céu, com um evangelho eterno, para anunciá-lo aos habitantes da terra, a toda nação, tribo, língua e povo" (14,6). Este diz que agora chegou a hora do julgamento.

"Apareceu um segundo Anjo e continuou: 'Caiu, caiu Babilônia, a Grande. Aquela que embebedou todas as nações com o vinho do furor de sua prostituição'" (14,8);

"Apareceu um terceiro Anjo e continuou em alta voz: 'Se alguém adora a Besta e a imagem dela, e recebe sua marca na fronte ou na mão, esse também vai beber o vinho do furor de Deus [...]'" (14,9-10).

O Evangelho é a Palavra de Deus e o critério justo de julgamento e, nesse caso, serão julgados por Deus todos aqueles e aquelas que praticam o mal. Todavia, o autor diz agora quem são os bem-aventurados ou felizes:

> Aqui está a perseverança dos santos, daqueles que guardam os mandamentos de Deus e a fé em Jesus. Ouvi, então, uma voz que vinha do céu, dizendo: "Escreva: Felizes os mortos, aqueles que desde agora morrem no Senhor. Sim, diz o Espírito, descansem de suas fadigas, pois suas obras os acompanham" (14,12-13).

15. O cordeiro e os virgens

Linda mensagem de fé, esperança, amor e confiança. Faz-se necessário aos seguidores e seguidoras de Jesus guardar seus mandamentos, ter fé e seguir em seus ensinamentos, e se necessário for, morrer no Senhor para ressuscitar e ter uma vida nova. Mas essa vida nova começa na terra, com o testemunho do amor e da justiça.

> Depois disso olhei: havia uma nuvem branca, e sobre a nuvem alguém sentado. Parecia um Filho de Homem. Tinha na cabeça uma coroa de ouro, e nas mãos uma foice afiada. Nessa hora, outro Anjo saiu do Templo gritando em alta voz para aquele que estava sentado na nuvem: "Lance sua foice e ceife. Chegou a hora da colheita, pois a lavoura da terra está madura". Aquele que estava sentado na nuvem lançou a foice na terra, e a terra foi ceifada. [...] "Lance a foice e colha os cachos da videira da terra, porque as uvas já estão maduras". O Anjo lançou a foice afiada na terra e colheu as uvas da videira da terra. Depois despejou as uvas no grande lagar do furor de Deus. O lagar foi pisado fora da cidade, e dele saiu sangue que subiu até a altura do freio dos cavalos, numa extensão de trezentos quilômetros (14,14-16.18-20).

O profeta Joel, lá no Antigo Testamento, tem uma visão no Vale da Decisão, onde se tem o julgamento de algumas nações: "Lancem a foice, porque a colheita está madura. Venham pisar, pois o tanque está cheio e os barris transbordando, porque é grande a maldade das nações" (Jl 4,13).

Tudo indica que João utilizou esse texto como pano de fundo. Mas, ao dizer que viu uma nuvem branca e sobre a nuvem alguém que estava sentado parecia um Filho de Homem, aí temos de ir mais uma vez para o profeta Daniel 7,13-14, em que esse misterioso Filho do Homem tem um poder eterno e seu reino nunca será destruído.

Jesus atribui a si mesmo esse misterioso título de Filho do Homem (cf. a explicação em detalhes em 1,12-20), embora, em Mateus, temos a parábola do joio e do trigo (cf. Mt 13,24-30) e sua explicação, pelo próprio Jesus (cf. 13,36-43), em que se diz que quem semeia a boa semente é o Filho do Homem, que é o próprio Jesus, a boa semente são os que pertencem ao Reino. E o joio são os que pertencem ao Maligno. A colheita é o fim dos tempos, os ceifadores são os anjos. "O Filho do Homem enviará os seus anjos, e eles recolheram os que levam os outros a pecar e os que praticam o mal" (Mt 13,41). Penso que João tenha sim utilizado esse texto, mas, a meu ver, o texto que serviu de pano de fundo foi outro: o Juízo Final, de Mt 25,31-46.

E o julgamento irá continuar nos próximos capítulos.

2. Tirando o véu

• *144.000 marcados:* significa a universalidade de todos os povos, e a marca tem a ver com nosso batismo. Veja a explicação em detalhes no capítulo 7.

• *Virgens:* não no sentido de relacionamento sexual entre homem e mulher. O próprio autor dá a dica de seu significado: "Em sua boca nunca foi encontrada a mentira. São íntegros!" (14,5). São todos aqueles e aquelas que não praticam o culto ao imperador, que não seguem a besta, ou seja, o caminho do mal, da violência, da injustiça e da morte. Seguem a verdade, que é Jesus. Em resumo: são todos os que não praticam a idolatria. Mais detalhes da relação prostituição e idolatria, veremos na explicação do capítulo 17.

• *Cântico novo:* há quem diga que seja o canto dos hebreus ou o hino da vitória e da libertação após terem passado a pé enxuto pelo Mar Vermelho: cf. Êx 15,1-21. Mesmo porque alguns biblistas entendem que esse cântico é o de Moisés, o mesmo que está em 15,3. Há até alguns que pensam que é o cântico que vem a seguir, do Anjo com o Evangelho eterno (leia-o em 14,7). Confesso que tenho sérias dúvidas sobre seu significado. Se eles têm a marca de Jesus e de Deus Pai e seguem o Cordeiro e ainda se diz que "era um cântico novo". Afirmar que era o cântico de Moisés, em nosso entendimento, não tem nada a ver. Pode até ser possível de ser o cântico de 14,7.

Penso que o autor quis destacar a importância dos seguidores e seguidoras de Jesus e por isso repetiu partes da visão no capítulo 7:

> Estavam todos de pé diante do trono e diante do Cordeiro. Vestiam vestes brancas e traziam palmas na mão.

> Em alta voz, a multidão proclamava: "A salvação pertence a nosso Deus, que está sentado no trono, e ao Cordeiro" (7,9-10).

Agora o autor diz que os que traziam a fronte marcada com o nome do Cordeiro, que é Jesus, e de seu Pai,

> estavam diante do trono [...] e cantavam um cântico novo. Era um cântico que ninguém podia aprender; [...] Eles seguem o Cordeiro aonde quer que Ele vá. Foram resgatados do meio dos homens e foram os primeiros a serem oferecidos a Deus e ao Cordeiro (14,3-4).

Afirmei que esse capítulo é espécie de uma dobradiça que une o passado ao presente em vista de um futuro, embora sempre haja controvérsias em relação ao fator tempo no Apocalipse, mas falei que melhor seria se disséssemos das coisas reveladas e aquelas que ainda estão para serem reveladas. Se tomarmos o fim do julgamento de todo e qualquer mal (20,15), veremos que, logo a seguir, há: "Vi, então, um novo céu e uma nova terra" (21,1). Mais do que isso, no último cântico do livro do Apocalipse, em que já estamos vivenciando um *novo* céu e uma *nova* terra, aparecem novamente o trono de Deus e do Cordeiro, onde há seus servos, que lhe prestam culto, e "seu nome estará sobre suas frontes" (22,4). Penso que a dobradiça do Apocalipse é perfeita: o passado, simbolicamente, refere-se ao capítulo 7; o presente, ao momento atual do livro, ou seja,

15. O cordeiro e os virgens

ao capítulo 14,1-5, em que o autor diz que aqueles e aquelas, que seguiam o Cordeiro e traziam a fronte marcada com o nome de Jesus e do Pai, estavam diante do trono e cantavam um cântico **NOVO** que ninguém poderia aprender a não ser os escolhidos. E os escolhidos (no futuro?) estão lá em 22,3-5, vivenciando um **NOVO CÉU E UMA NOVA TERRA**. Aqui, a nosso ver, está o Cântico **NOVO E ETERNO:**

> Nunca mais haverá maldições. Nela estará sempre o trono de Deus e do Cordeiro, e seus servos lhe prestarão culto. Verão sua face, e seu nome estará sobre suas frontes. Não haverá mais noite: ninguém mais vai precisar da luz da lâmpada, nem da luz do sol. Porque o Senhor Deus vai brilhar sobre eles, e eles reinarão para sempre (22,3-5).

• *Babilônia, a Grande, vinho do furor e prostituição:* explicação em detalhes nos capítulos 17 e 18.

• *Filho do Homem:* que é Jesus, veja a explicação em 1,12-20.

• *Lavoura madura, uvas maduras:* fim dos tempos, época propícia para o julgamento.

• *Foice afiada:* é um instrumento de trabalho utilizado nas colheitas. "Quando as espigas estão maduras, o homem corta com a foice, porque o tempo da colheita chegou" (Mc 4,29). De modo simbólico, é um instrumento de julgar ou separar os bons dos maus.

- *Sangue numa extensão de trezentos quilômetros:* se você tomar as Bíblias TEB e Jerusalém, verá que aparecem mil e seiscentos estádios.

A cifra relaciona-se com o número quatro (4 x 4 x 100), número da universalidade geográfica, dos quatro pontos cardeais. É uma maneira simbólica de dizer que o juízo adquire proporções cósmicas e universais.[50]

Cada estádio corresponde a 185 metros. Se você multiplicar 1600 estádios por 185m, verá que o resultado será 296.000m, ou seja, não 300, e sim 296 quilômetros. O sangue derramado não é por Deus, ou os Anjos, e sim porque se pedirá conta do sangue derramado por parte do Império Romano e daqueles que praticaram o mal em toda a terra. É por essa razão que eles serão julgados.

3. Em poucas palavras

Esse capítulo 14 é fundamental nos escritos do Apocalipse porque é espécie de uma dobradiça que une passado, presente e futuro. Em outras palavras: das coisas já reveladas e daquelas que ainda serão reveladas. Aqui começa o julgamento definitivo do Filho do Homem ou do Cordeiro, que é Jesus, e vai prolongar-se até o final do capítulo 20. Se

---

[50] ARENS, Eduardo; MATEOS, Manuel Díaz. *O Apocalipse*: a força da esperança. Tradução de Mário Gonçalves. São Paulo: Loyola, 2004. p. 228.

15. O cordeiro e os virgens

o Dragão e as duas bestas ainda estão reinando no mundo e praticando o mal, será por pouco tempo, pois o Cordeiro, que é Jesus, está de pé, e o Evangelho eterno será o critério justo de julgar e pedir contas do bem ou do mal praticados sobre a terra.

16. OUTRO SINAL DO CÉU: OS SETE ANJOS

Começa aqui o terceiro sinal do céu visto pelo autor. O primeiro foi o da Mulher (12,1) e o segundo foi o do Dragão (12,3). Agora os sete Anjos (15,1), que estão com sete pragas, ou seja, vem mais julgamento por aí. Detalhe importante: não será um julgamento parcial "um terço" (8–9), o autor diz: "Estas eram as últimas pragas, pois com elas o furor de Deus ficará consumado" (15,1).

Trata-se do menor capítulo do Apocalipse, contendo apenas 8 versículos. Todavia, tem uma grande importância no plano do autor, por ser a introdução do terceiro sinal no céu e com ele os sete Anjos do julgamento decisivo e da imagem do Templo da Tenda do Testemunho, que faz ligação com a descrição do Templo em 11,19, o final da primeira grande parte do Apocalipse.

1. Texto e contexto

> Eu vi no céu outro sinal grande e maravilhoso: havia sete Anjos prontos com sete pragas. Estas eram as últimas pragas, pois com elas o furor de Deus ficará consumado. Vi também como que um mar de vidro misturado com fogo. Sobre esse mar, estavam de pé todos aqueles que venceram a Besta, a imagem dela e o número do nome da Besta. Os vencedores seguravam as harpas de Deus e entoavam o cântico de Moisés, o servo de Deus, e o cântico do Cordeiro (15,1-3).

O autor une esse sinal ao evento da libertação do povo de Deus da escravidão do Egito. Aqui o mar, simbolizando as forças do mal, já não existe e é de vidro. Lá os que foram libertados cantaram o cântico de Moisés e o autor diz que os que venceram a Besta, que são os seguidores do Cordeiro, também cantam o mesmo cântico (15,3-4), mostrando que é Deus quem salva e liberta seu povo de toda e qualquer escravização e opressão, em todos os tempos e lugares.

Depois retoma a questão do Templo, que como vimos estava lá em 11,19 e que será explicado em 21,22, em que se diz que este é o próprio Senhor e o Cordeiro.

> Depois disso vi abrir-se o Templo da Tenda do Testemunho que está no céu. Saíram do Templo os sete Anjos com sete pragas. Os Anjos estavam vestidos de linho puro e brilhante, e cingidos à altura do peito com cintos de ouro.

Um dos quatro Seres vivos entregou aos sete Anjos sete taças de ouro, cheias do furor de Deus que vive para sempre (15,5-7).

Com os sete Anjos e as sete taças, dar-se-á início às últimas pragas e ao julgamento.

2. Tirando o véu

• *Mar de vidro misturado com fogo:* o mar significa as forças do mal, caos e desordem, ele já está vencido, pois não causa mais medo, é de vidro (15,2). Da mesma forma que a foice é um instrumento do julgamento, o *fogo* aqui está também nesse sentido de devorar, queimar, destruir todo e qualquer praticante do mal.

• *Templo que está no céu:* veja a explicação em 11,19 (Texto e Contexto).

• *Anjos vestidos de linho puro e brilhante, cingidos à altura do peito com cintos de ouro:* já dissemos que a roupa, no Apocalipse, tem a ver com o jeito de ser da pessoa. O *linho puro e brilhante* aparece em 19,8: "'concederam que ela se vestisse de linho puro e brilhante', pois o linho representa o comportamento justo dos santos". Lá em 19,8, refere-se à esposa do Cordeiro. Na linguagem do Apocalipse, o Cordeiro é Jesus, que é o Noivo, e nós, a humanidade, a noiva, no sentido que Deus quer estabelecer uma aliança de vida e Amor com toda a humanidade de todos os tempos e lugares. Por meio da figura do casamento, união perfeita no amor, o autor diz que a roupa (identidade, jeito de ser) da esposa (humanidade, todos nós) é o mesmo linho que representa o comportamento justo dos santos que, no Apocalipse, são os seguidores de Jesus, os cristãos. *Cintos de ouro* aparece em 1,13; lá colocamos que os reis da época utilizavam cintos de ouro, e Jesus usa-o no peito: é o Rei dos reis. Os Anjos, representantes da comunidade e os seguidores de Jesus, também participam desse reinado que, tem por base, a vida, a justiça, a paz.

• *Sete taças:* sete é o número da perfeição, totalidade e plenitude.

A taça é símbolo do destino (17,4; 18,6). Cada um sofre as consequências dos próprios atos e escolhas. O julgamento, que é a ira de Deus (Sl 75,9), é escolhido livremente pelo próprio homem quando não aceita o convite do Evangelho.[51]

A partir do capítulo 16, teremos o significado de cada taça, ou seja, o julgamento de Deus.

3. Em poucas palavras

Mesmo sendo o menor capítulo do Apocalipse, sua mensagem é fundamental no plano do autor, de revelar

---

[51] BÍBLIA EDIÇÃO PASTORAL. 74 ed. São Paulo: Paulinas, 1993. p. 1532 (notas de rodapé 5-8).

que Deus protege a Mulher (12,1), que é o primeiro sinal, condena o Dragão (12,3), que é o segundo sinal, e agora, através desse terceiro sinal dos sete Anjos com as últimas pragas (15,1), começa a realizar o julgamento decisivo de Deus. No entanto, cada um vai receber de Deus o que merece, de acordo com suas obras. Os que praticam o bem irão reinar com Jesus e os que praticam o mal sofrerão as consequências de seus atos, conforme veremos nos capítulos seguintes.

17. AS SETE TAÇAS

Colocamos, logo acima, que taças relacionam-se com o destino e a escolha de cada um, de modo livre e consciente. Os que praticam o mal vão ser julgados de acordo com a justiça de Deus e suas obras. Você verá como o autor relaciona as taças com as trombetas. Se quiser, volte um pouco nos capítulos 8 e 9 e verá que os seis Anjos tocam as trombetas e, consequentemente, será dado um castigo que tem por pano de fundo as pragas do Egito, embora esses castigos atingem somente um terço, ou seja, chama à conversão e mudança de vida, a partir da Palavra de Deus.

A partir de agora, as taças derramadas vão gerar uma consequência total. O pano de fundo continua sendo as pragas do Egito, mas não mais no sentido de castigo e sim, de agora em diante, como julgamento definitivo de Deus. Em outras palavras: o mal será destruído totalmente e não só parcialmente.

1. Texto e contexto

De modo resumido temos: "Depois ouvi: do Templo vinha uma voz forte, que dizia aos sete Anjos: 'Vão! Despejem pela terra as sete taças do furor de Deus!'" (16,1).

1. O primeiro Anjo despejou sua taça na terra e todas as pessoas que possuíam a marca da Besta ficaram com o corpo cheio de úlceras malignas e dolorosas (16,2). Isso lembra a sexta praga do Egito (Êx 9,8-11).

2. O segundo Anjo despejou sua taça no mar e o mar virou sangue (16,3).

3. O terceiro Anjo despejou sua taça nos rios e fontes e estes viraram sangue (16,4). A segunda e a terceira taça lembram a primeira praga do Egito (Êx 7,17-21).

4. O quarto Anjo despejou sua taça no sol e o sol recebeu permissão de queimar os homens com fogo, estes começaram a blasfemar contra o nome de Deus e não se converteram (16,8-9). Pode estar relacionada com o Faraó, praticante do mal, de coração endurecido e que não se converteu (Êx 7,22 etc.).

5. O quinto Anjo despejou sua taça sobre o trono da besta e o reino dela ficou em trevas. Os homens mordiam a língua de dor, blasfemavam contra Deus e não se converteram (16,10-11). Isso lembra a nona praga do Egito (Êx 10,21-23).

6. O sexto Anjo despejou sua taça sobre o grande rio Eufrates. A água do rio secou e os reis do Oriente ficaram de

caminho livre para atacar. O Dragão reúne forças de todos os praticantes do mal para guerrear no Grande Dia de Deus, o local, em hebraico, é chamado de Harmagedôn (16,12-16). Pode ter apenas certa relação com a segunda praga do Egito (Êx 8,2-11).

7. O sétimo Anjo despejou sua taça no ar. Nisso sai uma forte voz do Templo: "Está realizado!" (16,17). Acontece então um terremoto violento e a Grande Cidade partiu-se em três pedaços, as cidades caíram, as ilhas fugiram e as montanhas desapareceram. Cai também uma grande chuva de pedra e os homens blasfemam contra Deus e seu flagelo é grande (16,17-21). Isso lembra a sétima praga do Egito (Êx 9,22-25).

O contexto é sobre o julgamento de Deus, tendo por pano de fundo as pragas do Egito, onde Deus liberta seu povo da opressão, escravidão e maldades do Rei Faraó. Agora o opressor e causador de todo mal é o Império Romano, simbolizado pelo Dragão, bestas, detentores do mal e reis da terra.

2. Tirando o véu

• *Sete Anjos e sete taças:* o número sete significa perfeição, totalidade, plenitude, e *taças*, conforme foi colocado acima, é símbolo do destino, no sentido de ter liberdade de escolher entre praticar o bem ou o mal. Essa totalidade tem a ver com os locais onde as taças são derramadas:

*a primeira taça é derramada na terra (*16,2);
a segunda taça é derramada no mar (16,3);
a terceira taça é derramada nos rios e fontes (16,4);
a quarta taça é derramada no sol (16,8);
a quinta taça é derramada no trono da Besta (16,10);
a sexta taça é derramada no rio Eufrates (16,12);
a sétima taça é derramada no ar (16,17).

• *O grande rio Eufrates:* rio localizado na fronteira oriental do Império Romano e de lá o povo esperava que os partos, um dia, iriam destruir o Império Romano, onde se tem o caminho livre para atacar.

• *Conservar suas vestes e não andar nu:* roupa, no sentido de identidade, vigilância, roupas brancas, é símbolo da vitória, de caminhar com Jesus. Estar *nu* pode ser no sentido de estar desprevenido e praticando o mal, ser pego de surpresa.

• *Harmagedôn:* é associado à montanha de Megido, onde o famoso rei Josias, em 609, guerreou com o Faraó Necao, rei do Egito, e foi derrotado e morto (2Rs 23,29). Local que lembra tragédia, derrota e morte.

3. Em poucas palavras

Está chegando a hora decisiva e não há mais tempo; são as últimas pragas e o julgamento de Deus ficará consumado.

17. As sete taças

As sete taças nada mais são que o julgamento de Deus em relação a toda a terra ou o universo, onde cada um vai receber de Deus o julgamento que merece, de acordo com suas obras. É um julgamento de acordo com a justiça, quem pratica o mal será julgado por isso e sofrerá as consequências de suas ações, conforme os capítulos seguintes, e quem pratica o bem também receberá a recompensa merecida de um Novo Céu e uma Nova Terra.

18. "VENDO A MULHER, FIQUEI PROFUNDAMENTE ADMIRADO"

Caríssimo leitor e caríssima leitora, prepare-se para novas revelações. Até agora, o que passou foi uma série de pragas, batalhas e o modo pelo qual se dá o julgamento de Deus sobre o mal.

A partir de agora, João começa a revelar o que irá acontecer com estilo um pouco diferente do anterior. Evidentemente que a linguagem apocalíptica será a mesma, todavia, o modo de mostrar o julgamento de Deus será bem explicativo para que não haja dúvida do que foi revelado. João deixa claro que "o Anjo me levou em espírito até o deserto" (17,3). Isso supõe, conforme já dissemos, uma experiência interior de fé, que precisa ser compreendida a partir do coração, da mística, da fé e da esperança ao longo da caminhada, tendo, por base, a Palavra de Deus.

Ocorre que, diante da visão da mulher, João mesmo diz: "Vendo a mulher, fiquei profundamente admirado"

(17,6). Se ele, que é o autor, está exortando a comunidade a permanecer fiel à Palavra de Deus e a seguir o Cordeiro, o que dizer sobre esse vacilo, fraqueza ou descuido de ficar profundamente admirado? Ora, quem admira pode estar a um passo da adoração e mudar para o outro lado. É por que a mulher era muito bonita? Não, na verdade, ela era prostituta. Aliás, nem mulher ela era, era a grande Cidade, ou seja, Roma.

Se você ler alguns autores que escrevem sobre o Apocalipse, verá que alguns explicam que há uma grande união entre a Mulher que está prestes a ter um filho, do capítulo 12, passam depois pela mulher que é prostituta, e é Roma (17–18), e depois comentam sobre a esposa do Cordeiro, ou a Cidade Santa, a Nova Jerusalém (21). Sim, há uma relação entre elas como símbolo, mas, a nosso ver, para ficar claro o que o autor quis dizer, temos de ir além da mulher, seja como prostituta ou esposa do Cordeiro, temos de entender (ou procurar compreender com a luz do Espírito Santo) todo o esquema do julgamento proposto pelo autor. Como nem todos possuem em mente todo o esquema do Apocalipse e falta estudar os capítulos seguintes até o 22, acredito que será mais bem compreendido o plano do autor, em meu entendimento, quando formos estudar o capítulo 21. A partir do próximo capítulo, explicarei melhor o que entendo por "ir além da mulher".

18. "Vendo a mulher, fiquei profundamente admirado"

1. Texto e contexto

Como já fizemos juntos uma caminhada toda pelo Apocalipse, com a luz do Espírito Santo que ilumina nossa mente e nosso coração na compreensão dos mistérios que envolvem a Palavra de Deus, acredito que chegou a hora de você, leitor e leitora, comentar esse texto e contexto, embora esteja em íntima relação com o capítulo 18. Pegue sua Bíblia e vamos ler somente o capítulo 17.

Num primeiro momento, temos uma pequena introdução: "Venha! Vou lhe mostrar como será julgada a grande prostituta, que está sentada à beira de muitas águas. Os reis da terra se prostituíram com ela. Os habitantes da terra ficaram bêbados com o vinho de sua prostituição" (17,1-2).

Vamos procurar "ver" o significado dessa mulher ou prostituta. Para isso, vamos dar algumas dicas:

1. Leia o texto algumas vezes e procure entender o que ele quer dizer.
2. Com quem essa mulher é comparada?
3. O que faz essa mulher?
4. Quais dicas nos dá o autor em relação a seu julgamento?
5. Quem é o Senhor dos senhores e o Rei dos reis?
6. O que o Anjo quis explicar a João naquele tempo e hoje a todos nós?
7. Qual mensagem você tira desse texto?

Tenho certeza de que, com a luz do Espírito Santo, cada

um e cada uma escreveu o mais lindo texto e contexto, melhor do que qualquer outro autor.

2. Tirando o véu

• *Mulher que é a grande prostituta, grande cidade:* João diz em detalhes que a mulher é uma grande prostituta e que os reis da terra prostituíram-se com ela, e os habitantes da terra ficaram bêbados com o vinho de sua prostituição (17,2). No final, ainda explica com todas as letras: "Essa mulher que você viu é a Grande Cidade que está reinando sobre os reis da terra" (17,18). O autor ironiza, pois Roma tinha a pretensão de ser Deusa-mãe e o autor esclarece: "Babilônia, a Grande, a mãe das prostitutas e das abominações da terra" (17,5). Babilônia e Roma são a mesma coisa para o autor: Roma é mãe das prostitutas.

Mas, afinal de contas, o que tem a ver a mulher prostituta e a Grande Cidade? Tem tudo a ver, isso na linguagem profética[52] que o autor tanto utiliza.

Oseias é o profeta que mais fala e utiliza a imagem do casamento, no sentido de Deus (esposo) querer casar com o

---

[52] Para mais esclarecimentos sobre a questão da prostituição como idolatria, infidelidade em relação a Deus, sendo Ele o esposo e a humanidade a esposa, leia os meus livros: ALBERTIN, Francisco. *Explicando o Antigo Testamento*. 5 ed. Aparecida: Santuário, 2011. p. 185-188; ALBERTIN, Francisco. *Explicando o Evangelho de São João e cartas*. Aparecida: Santuário, 2012. p. 43 – 45.

18. "Vendo a mulher, fiquei profundamente admirado"

povo ou a humanidade (esposa) e no sentido de prostituição e idolatria para as pessoas que são infiéis a esta aliança de amor para com Deus:

> O Senhor disse a Oseias: "Vá! Tome uma prostituta e filhos da prostituição, porque o país se prostituiu, afastando-se do Senhor" (Os 1,2);
> Não se alegre, Israel, não faça festa como os outros povos. Traindo seu Deus, você agiu como prostituta (Os 9,1);
> Nesse dia – oráculo do Senhor – você me chamará "Meu marido" e não mais "Meu ídolo". [...] Eu me casarei com você para sempre, me casarei com você na justiça e no direito, no amor e na ternura. Eu me casarei com você na fidelidade e você conhecerá o Senhor (Os 2,18.21-22).

Outro profeta que utiliza também essa linguagem do casamento de Deus com o povo e a infidelidade a Ele como sendo prostituição e idolatria é Ezequiel:

> Criatura humana, havia duas mulheres, filhas da mesma mãe. Desde moças, elas prostituíram no Egito. Desde que caíram na prostituição, deixaram estranhos acariciar seus seios e apalpar seus peitos de adolescente. A mais velha se chamava Oola e a mais nova Ooliba. Elas eram minhas esposas e tiveram filhos e filhas. Oola é Samaria, e Ooliba é Jerusalém. Oola ainda estava comigo quando se prostituiu, deixando-se seduzir pelos seus amantes (Ez 23,1-5; veja a tradução da Bíblia de Jerusalém).

Repare que as duas moças que se prostituíram e deixaram estranhos acariciar seus seios e tiveram amantes chamam-se Oola e Ooliba. Enquanto tudo caminha numa linguagem de sexualidade, o segredo é revelado: Oola é Samaria, e Ooliba é Jerusalém (Ez 23,4), simbolizando o povo de Deus, Israel; falar então de cidades, não de mulheres, significa idolatria, adorar outros deuses. Isso é ir além da mulher e ver seu significado.

Aqui no Apocalipse, a imagem é ainda mais forte. Essa prostituta, que é a Grande Cidade que simbolicamente ele diz ser Babilônia (17,5), na verdade, é Roma, que está governando sobre a terra. Aqui o sentido não é só de idolatria e sim de injustiças, maldades, violência e principalmente "que a mulher estava embriagada com o sangue dos santos e com o sangue das testemunhas de Jesus" (17,6).

• *Cálice de ouro cheio de abominações:* o autor já revela um pouco o significado dizendo que são as impurezas de sua prostituição ou maldades. Cálice ou taça de ouro pode lembrar o profeta Jeremias que diz: "Nas mãos de Deus, a Babilônia era uma taça de ouro, que embriagava o mundo inteiro. As nações beberam de seu vinho e, por isso, enlouqueceram" (Jr 51,7). Mas Deus destruiu a Babilônia e agora vai destruir Roma.

• *Sete cabeças são sete montes, sobre os quais a mulher está sentada. São também sete reis. Cinco já caíram, um existe, e o outro ainda não veio; mas, quando vier, ficará por pouco tempo. A Besta que existia e não existe mais, ela mes-*

18. "Vendo a mulher, fiquei profundamente admirado"

ma é o oitavo rei, e é também um dos sete, mas caminha para a perdição: já vimos que os sete montes são as sete colinas de Roma. O autor provavelmente voltou um pouco no tempo para colocar mais suspense e trabalhar com a inteligência de seus leitores. Colocou como se estivesse vivenciando o tempo do Imperador Vespasiano (69-79). É o rei que existe e, na verdade, foi o sexto. Os cinco reis que já caíram: Augusto (31a.C-14d.C); Tibério (14-37); Calígula (37-41); Cláudio (41-54) e Nero (54-68). E o que não veio e ficará pouco tempo é Tito (79-81); e o oitavo rei, que também é um dos sete que, no Apocalipse, muitos achavam que era Nero, a primeira Besta, que iria voltar na segunda Besta (cf. a explicação no capítulo 13), na verdade, foi Domiciano (81-96). E o tempo atual dos escritos do Apocalipse, segundo o autor, caminha para a perdição. Essa é uma explicação que tem um consenso maior entre os biblistas, todavia há controvérsias.

• *Dez reis com poder de uma hora, que aliam a Besta e fazem guerra contra o Cordeiro:* são os reis das nações aliadas de Roma que se unem para guerrear contra o Cordeiro, que é Jesus. O autor revela o resultado: "Mas o Cordeiro os vencerá, porque o Cordeiro é Senhor dos senhores e Rei dos reis. E com Ele, vencerão também os chamados, os escolhidos e os fiéis" (17,14). Jesus e não os Imperadores é o Senhor dos senhores e o Rei dos reis, e os seguidores e seguidoras de Jesus também serão vencedores em Jesus e com Ele vão reinar para sempre.

• *Grande Cidade:* é a cidade de Roma.

3. Em poucas palavras

A Grande Prostituta que, na verdade, não é uma mulher e sim a Grande Cidade, que é Roma, é imponente, rica, com pretensão de ser a Deusa-mãe. Na realidade, é uma grande prostituta, não no sentido sexual de homem e mulher, mas no sentido de prostituir o plano de Deus, de praticar o mal, utilizar armas para matar, destruir e embriagar-se "com o sangue dos santos e das testemunhas de Jesus". Seu poder encanta e seduz a todos, mas seu tempo está contado e seu reino de poder, exploração e morte será destruído. Pois somente o Cordeiro, que é Jesus, o Senhor dos senhores e o Rei dos reis, irá reinar com amor, justiça, paz, partilha e vida nova. O que queremos: prostituir-nos em nome do poder, ou seguir os ensinamentos do Cordeiro, que é Jesus?

19. A DESTRUIÇÃO DA GRANDE CIDADE

O julgamento e a destruição da Grande Cidade, que é Roma, vêm narrados, em nível de visão, no capítulo 18. Poderia ser chamado de julgamento político, econômico, social e ideológico. Talvez seja um dos capítulos mais fáceis de entender no Apocalipse. Tanto é verdade que nem vamos utilizar a seção *Tirando o véu*, pois é de simples compreensão.

Quem tem certo conhecimento do Antigo Testamento sabe que Deus sempre vem em defesa de seu povo escravizado ou explorado pelos grandes Impérios: "Eu vi muito bem a miséria do meu povo que está no Egito. Ouvi seu clamor contra seus opressores, e conheço os seus sofrimentos. Por isso, desci para libertá-lo do poder dos egípcios" (Êx 3,7-8).

Se você quiser ler a respeito do julgamento de Deus em relação a algum Império, há dentre outros: Ezequiel (26–

28), com grandes semelhanças entre a destruição de Tiro e de Roma; Jeremias (51), com semelhanças entre a destruição da Babilônia, inclusive algumas cenas são repetidas no Apocalipse 17–18. Em Amós 1–2, falam-se dos crimes e o modo pelo qual serão julgadas várias nações; também Isaías 13,19-22.

A nosso ver, nenhum outro texto é mais claro e explicativo como o do capítulo 7, de Daniel, este sim vale a pena ler e entender o significado de tal visão, a partir do v. 17, em que há uma explicação toda especial. Na verdade, Deus tem o poder de destruir todo e qualquer Império sobre a face da terra, em todos os tempos e lugares. E só o Filho do Homem terá um reino e um poder eterno que nunca será tirado ou destruído (Dn 7,13-14) e isso vai ficar claro no Apocalipse 21–22.

1. Texto e contexto

Vimos que, em todos os tempos e lugares, qualquer Império que oprime, explora, acumula riquezas e abusa do poder para ter luxo, causando grandes sofrimentos e morte no povo, um dia, será julgado por Deus e terá o fim merecido, de "acordo com suas obras".

> Caiu! Caiu Babilônia, a Grande! Tornou-se morada de demônios, abrigo de todos os espíritos maus, abrigo de

19. A destruição da grande cidade

aves impuras e nojentas. Porque ela embriagou as nações com o vinho do furor de sua prostituição. Com ela se prostituíram os reis da terra. Os mercadores da terra ficaram ricos graças a seu luxo desenfreado (18,2-3).

Foi pedido ao povo de Deus para sair dela e não ser cúmplice dos pecados cometidos, pecados estes que "amontoaram até o céu, e Deus se lembrou das iniquidades dela. Devolvam a ela com a mesma moeda. Paguem a ela em dobro, conforme as obras que ela fez. No cálice que ela misturou, misturem para ela o dobro" (18,5-6).

Era comum, no Antigo Testamento e na época do Apocalipse, dizer que um local destruído por praticar o mal transformava-se depois em morada de espíritos maus e abrigo de aves impuras, no sentido depreciativo, mas, ao mesmo tempo, cada um colhia o que havia plantado. Devolver com a mesma moeda é utilizar os mesmos instrumentos para condenar. "Quem com ferro fere, com ferro será destruído." "Quem utiliza violência, recebe violência" e "Deus pede contas do sangue derramado". A imagem utilizada por João é forte: *"No cálice (ou taça) que ela misturou, misturem para ela o dobro"*, de acordo com as obras que ela (Roma) fez. Vimos que taça pode significar o destino, mas no sentido de se ter liberdade, plena consciência, no sentido de decidir praticar o bem ou o mal. No caso de Roma, ela praticou o mal, a violência, injustiças, mortes e outras maldades. Agora no julgamento, deixou de ser *"rainha"* e

205

receberá em dobro o que praticou. Por isso, ela terá "*morte, luto e fome*" (18,8). Também os reis da terra que se prostituíram com ela vão chorar e bater no peito (18,9), diga-se o mesmo dos mercadores (18,15) e dos pilotos e navegadores (18,17-18).

A seguir, João mostra, de modo resumido, toda a riqueza e luxo de Roma e do Império Romano:

> Os mercadores de toda a terra também choram e ficam de luto por causa da ruína de Babilônia, porque ninguém mais vai comprar as mercadorias deles: carregamentos de ouro e prata, pedras preciosas e pérolas, linho e púrpura, seda e escarlate, madeiras perfumadas de todo tipo, objetos de marfim e de madeira preciosa, de cobre, de ferro e de mármore, cravo e especiarias, perfumes, mirra e incenso, vinho e óleo, flor de farinha e trigo, bois e ovelhas, cavalos e carros, escravos e vidas humanas... (18,11-13).

Repare não só um detalhe, mas uma crítica ferrenha do autor ao dizer que, no meio das "mercadorias", havia também escravos e vidas humanas...

E não é isso que aconteceu e acontece em todos os sistemas econômicos, em que o mais importante não é a vida e sim o dinheiro? Muitas vezes as mercadorias valem mais do que os escravos e vidas humanas...

Logo após, há: "Alegre-se, ó céu, por causa dela, e vocês também, santos, apóstolos e profetas, pois Deus a julgou com justiça! [...] Nela foi encontrado o sangue de profetas e santos, e de todos os que foram imolados sobre a terra" (18,20.24).

O julgamento de Deus acontece de acordo com a justiça. Foi pedido conta do sangue dos profetas e santos, mas também de todos os que foram mortos sobre a terra.

2. Em poucas palavras

João deixa bem claro que, em qualquer tempo e lugar, Deus sempre está ao lado da vida, da justiça e da paz. Ele nada mais faz do que julgar com justiça. E cada um vai receber a recompensa, de acordo com suas obras. Quem pratica o bem, não há o que temer, mas quem pratica o mal pode receber a mesma moeda em dobro.

Fica claro que a política, enquanto "arte de bem governar para o bem comum" (Platão), é um instrumento importante para que se tenha acesso aos bens da vida e à justiça. Afirmamos, na introdução, que o Apocalipse é um livro político e que o cristão consciente deve fazer seu papel em busca de um mundo mais justo e humano, e isso acontece via política. O que estraga é a politicagem. Será que estamos fazendo nossa parte?

O poder, a fama, o prestígio, o orgulho e a riqueza, tudo isso passa e se perde. Só o amor, a justiça e o bem que praticamos permanecem e podem gerar vida aqui na terra e no céu.

20. UM CANTO DE VITÓRIA

O capítulo 19 possui duas partes distintas: 19,1-10, em que se comemora, ou melhor, canta a alegria da vitória do bem sobre o mal, que ainda não está totalmente destruído, só em partes, pois a vitória definitiva dar-se-á no final do capítulo 20. Na segunda parte (19,11-21), há um misterioso cavaleiro montado em um cavalo branco e uma tentativa de resistência das forças do mal contra as forças do bem.

1. Texto e contexto

Prepare-se para cantar, louvar e alegrar-se nesse canto de vitória, ainda que em partes, pois o mal ainda não foi totalmente destruído. O Apocalipse é um livro que canta e celebra:

> Depois disso, ouvi um forte barulho de uma grande multidão no céu, aclamando: "Aleluia! A salvação, a glória

e o poder pertencem a nosso Deus, porque seus julgamentos são verdadeiros e justos. Sim! Deus julgou a grande Prostituta, que corrompeu a terra com sua prostituição, e vingou nela o sangue de seus servos" (19,1-2).

Também os vinte e quatro Anciãos e os quatro Seres vivos, lembrando o começo de tudo lá no capítulo 4, adoram a Deus que está sentado no trono, e dizem: "Amém! Aleluia!", e uma voz do trono convida:

> "Louvem nosso Deus, todos os seus servos, todos os que o temem, pequenos e grandes!" (19,5).

É festa no céu, é festa na terra. A multidão aclama:

> "Aleluia! O Senhor, o Deus Todo-poderoso passou a reinar. Vamos ficar alegres e contentes, vamos dar glória a Deus, porque chegou o tempo do casamento do Cordeiro, e sua esposa já está pronta: concederam que ela se vestisse de linho puro e brilhante" – pois o linho representa o comportamento justo dos santos. [...] Com efeito, o espírito da profecia é o testemunho de Jesus (19,6-8.10).

Surge uma bem-aventurança importantíssima: "Escreva: Felizes os convidados para o banquete do casamento do Cordeiro" (19,9).

Vimos que já chegou o tempo do casamento do Cordeiro, e sua esposa já está pronta. Mas quem é esse noivo e quem é a noiva? Que casamento é esse? No capítulo 21, o autor irá esclarecer tudo em detalhes.

Começa agora a visão do "céu aberto onde aparece um cavalo branco e seu cavaleiro se chama Fiel e Verdadeiro" (19,11).

A Expressão "Céu aberto" é muito bonita e quer dizer, entre outras coisas, que Deus caminha com seu povo aqui na terra, que aos que aqui estão na terra há uma porta aberta no céu, pela qual pode entrar e ter acesso aos mistérios de Deus (4,1; 11,19). Em outras palavras: é a união do céu e da terra, como um só reino de Deus.

Já fizemos alguns exercícios bíblicos e agora proponho a você, leitor e leitora, outro bem interessante: compare a visão do cavalo branco e seu cavaleiro (19,11-16) com a visão referente ao Filho do Homem, que é Jesus (1,12-20). Veja quantas semelhanças há e até repetições de expressões. O autor faz um passeio por seus escritos, passando pelas cartas às comunidades (2–3), depois ele cita partes do julgamento do Filho do Homem (14,14-20) e repete literalmente (17,14), quando diz que o Cordeiro, que é Jesus, é "Senhor dos senhores e Rei dos reis. E com Ele, vencerão também os chamados, os escolhidos e os fiéis".

Alertamos que é um perigo tomarmos os escritos do Apocalipse ao pé da letra e de modo literal e fundamentalista. Visões são visões e não podem ser compreendidas como se fossem descrições reais, são símbolos e sinais para serem interpretados, baseados no texto e contexto. Além do mais, quem somos nós para poder esclarecer todas as visões do Apocalipse? No máximo, podemos opinar o que, em nosso ponto de vista, enquanto escritores, leitores, comentadores, julgamos aproximar mais da realidade dos fatos. O "banquete", de 19,17-18, tal como está lá, não tem sentido algum e chega a ser um absurdo e horrível, possivelmente foi baseado em Ez 39,17-20.

Para ajudar na interpretação, ou no significado que se aproxima da realidade do símbolo, a nosso ver, algumas dicas do autor são importantes:

1. Observe que a grande prostituta tinha, nas mãos, uma taça de abominações e impurezas e estava embriagada com o sangue dos santos e das testemunhas de Jesus, mas: "A mulher usava vestido cor de púrpura e escarlate. Estava toda enfeitada de ouro, pedras preciosas e pérolas" (17,4).

2. Logo após, o autor diz, referindo-se à prostituta: "Você vestia linho puro, roupas de púrpura e escarlate. Você se enfeitava com ouro, pedras preciosas e pérolas" (18,16).

3. Agora compare: "porque chegou o tempo do casamento do Cordeiro, e sua esposa já está pronta: concederam que ela se vestisse de linho puro e brilhante. – Pois o linho representa o comportamento justo dos santos" (19,7-8).

4. Depois diz que desce do céu a Cidade Santa, "uma Jerusalém nova, pronta como esposa que se enfeitou para seu marido" (21,2).

5. Também em 17,1, um dos sete Anjos convida o autor: "Venha! Vou lhe mostrar como será julgada a grande prostituta, que está sentada à beira de muitas águas". Sabemos que essa grande prostituta, Roma, sentada à beira

de muitas águas, tem a ver com sua localização próxima às margens do mar Mediterrâneo.

6. Outro convite: "Venha! Vou lhe mostrar a esposa, a mulher do Cordeiro" (21,9). E mostra a ele a Cidade Santa, a Nova Jerusalém.

Por maior absurdo que possa parecer, o autor compara as duas mulheres: a prostituta com a esposa do Cordeiro em seu modo de vestir, que significa o jeito de ser e agir. E acredite se quiser, mas o autor dá a entender que essa prostituta pode transformar-se também em esposa do Cordeiro, que é Jesus. Na verdade, não são mulheres, e sim cidades, enquanto representantes da humanidade – a prostituta é Roma e todos os seguidores do mal, e a esposa do Cordeiro é a Nova Jerusalém e os seguidores do bem.

Um profeta que ilustra bem esse exemplo de prostituta para esposa fiel é Oseias. "Deus disse a Oseias: 'Vá! Tome uma prostituta e filhos da prostituição, porque o país se prostituiu, afastando-se do Senhor'" (Os 1,2). "Não se alegre, Israel, não faça festa como os outros povos. Traindo seu Deus, você agiu como prostituta [...]" (Os 9,1). Numa linguagem de casamento, Deus diz:

> Agora, sou eu que vou seduzi-la, vou levá-la ao deserto e conquistar seu coração. [...] Você me chamará "Meu marido" e não mais "Meu ídolo". [...] Eliminarei da terra o arco, a espada e a guerra; Eu me casarei com você para sempre, casar-me-ei com você na jus-

tiça e no direito, no amor e na ternura. Eu me casarei com você na fidelidade e você conhecerá o Senhor" (Os 2,16.18.20-22).

E por mais absurdo e horrível que possa parecer, não sei por qual motivo, só Deus e o autor podem saber, há um convite para um "banquete" em que se têm sangue, carne humana e morte (19,17-18), simbolizando a prostituta e os que praticam o mal. Eles derramaram sangue dos santos e das testemunhas de Jesus, sacrificaram vidas (carnes) humanas e geraram a morte. Penso que isso tem a ver com o julgamento que estão recebendo, de acordo com suas obras e o mal que fizeram, e não com as comidas do "banquete".

Por outro lado, há outro convite: "Felizes os convidados para o banquete do casamento do Cordeiro" (19,9). O autor pede para escolher em qual banquete cada um quer ir. Claro que nenhuma pessoa em sã consciência quer ir ao "banquete" dos que praticam o mal, ele é nojento. Então, vamos todos ao banquete do casamento do Cordeiro, dos que praticam o bem. João possivelmente se baseou na parábola de Jesus sobre o banquete da festa de casamento que o rei preparou para seu filho (Mt 22,1-14); os primeiros convidados não foram considerados dignos, e aí o Rei ordena que convide a todos:

> Então os empregados saíram pelos caminhos, e reuniram todos os que encontraram, maus e bons. E a sala da festa ficou cheia de convidados. Quando o rei entrou

para ver os convidados, observou aí alguém que não estava usando o traje de festa (Mt 22,10-11).

Ele então é retirado. No meio de tantos e tantos convidados, só ele foi retirado do banquete e da festa. É Deus que quer salvar a todos: "Não sinto nenhum prazer com a morte do injusto. O que eu quero, é que ele mude de comportamento e viva. Convertam-se, convertam-se de seu mau comportamento" (Ez 33,11).

Se o Bom Pastor deixa as 99 ovelhas no campo para ir atrás de apenas uma que se perdeu e se "haverá no céu mais alegria por um só pecador que se converte, do que por noventa e nove justos que não precisam de conversão" (Lc 15,7), penso que João faz uma tentativa desesperada, pedindo a todos a conversão e a mudança de vida. Podem sim a prostituta e os praticantes do mal mudarem de caminho, deixarem as injustiças e o mal para praticarem a justiça e o bem, e assim também participar do banquete e ser "esposa" no casamento do Cordeiro, pois o julgamento de Deus é Justo, de acordo com o Evangelho e as obras praticadas por cada um.

Mas o mal é difícil de ser destruído e acabado. Por isso, o autor diz que a Besta reúne novamente os reis da terra e seus exércitos para guerrear contra o Cavaleiro (19,19-21). O fim, você já sabe: o bem vencerá o mal.

2. Tirando o véu

• *Aleluia:* expressão hebraica – *Halelu-ya* – é uma aclamação litúrgica no sentido de "louvai a Javé".

• *Amém:* significa: "Assim seja!"

• *Cavalo Branco e Cavaleiro:* penso que o autor faz uma relação toda com os cavalos que aparecem no capítulo 6,1-8, que são símbolos de guerra, violência, derramamento de sangue, doença e morte (cf. a explicação em detalhes no capítulo 6); agora esse veio derrotá-los e devolver a paz sobre a terra. Esse cavaleiro é Fiel e Verdadeiro (19,11); é chamado de Palavra de Deus (19,13) e Rei dos reis e Senhor dos senhores (19,16); Ele julga e combate com justiça. Baseado na visão de 1,12-20, é Jesus.

• *Seus olhos são chamas de fogo:* sentido de penetrar em tudo e conhecer plenamente, sabedoria divina.

• *Manto embebido em sangue:* manto, no sentido de poder, reinar, embebido em sangue; para o autor, são todos aqueles e aquelas que derramaram seu sangue em defesa da vida, da Palavra de Deus e do testemunho de Jesus. Pode ser também o sangue derramado na cruz por Jesus.

• *Roupas de linho puro e brilhante:* o autor explica que o linho representa o comportamento justo dos santos, ou seja, dos cristãos. A justiça e a profecia devem brilhar nas trevas do pecado.

• *Espada afiada:* em Hebreus 4,12, diz: "A Palavra de Deus é viva, eficaz e mais penetrante do que qualquer espada de dois gumes". É o evangelho e a Palavra de Deus.

• *Cetro de Ferro:* era espécie de um bastão curto, usado pelos reis e generais para governar. Seu poder forte e duradouro.

3. Em poucas palavras

Se você quiser, pegue uma folha de papel e escreva, com suas próprias palavras, um pequeno resumo deste capítulo. Isso ajudará você a interpretar e compreender melhor a Palavra de Deus.

21. O DRAGÃO ACORRENTADO E O FIM DO MAL

Finalmente, o mal será completamente destruído, pois o Anjo, que tinha a chave do Abismo e uma grande corrente, acorrenta o Dragão, ou a antiga Serpente, que é o Diabo, Satanás, e joga-o dentro do Abismo. A grande questão que se discute neste capítulo é:

1. o significado "dos mil anos";
2. o Abismo ou o lago de fogo e enxofre;
3. a primeira ressurreição;
4. a segunda morte.

Esse capítulo é decisivo para descrever a derrota definitiva do mal, o julgamento dos mortos e abrir espaço para o autor afirmar que diante do grande trono e de Deus: "O céu e a terra fugiram de sua presença e não deixaram rastro" (20,11).

1. Texto e contexto

Como aqui acontece o julgamento definitivo do mal, chegou a hora de saber a maneira pela qual acontece tal julgamento. Na visão, um Anjo tem uma grande corrente (20,1).

> Ele agarrou o Dragão, a antiga Serpente, que é o Diabo, Satanás. Acorrentou o Dragão por mil anos, e o jogou dentro do Abismo. Depois trancou e lacrou o Abismo, para que o Dragão não seduzisse mais as nações da terra, até que terminassem os mil anos. Depois disso, o Dragão vai ser solto, mas por pouco tempo. [...] Quando se completarem os mil anos, Satanás será solto da prisão do Abismo. Ele vai sair e seduzir as nações dos quatro cantos da terra [...] Eles se espalharam por toda a terra e cercaram o acampamento dos santos e a Cidade Amada. Mas desceu fogo do céu, e eles foram devorados. O Diabo, que tinha seduzido a todos eles, foi jogado no lago de fogo e enxofre, onde já se achavam a besta e o falso profeta. Lá eles serão atormentados noite e dia para sempre (20,2-3.7-10).

Diante desses poucos versículos, há discussões intermináveis e calorosas entre os biblistas e estudiosos do Apocalipse. Nunca é demais repetir: o Apocalipse foi escrito em visões, figuras, símbolos, números e em linguagem apocalíptica que tem um estilo próprio de comunicar sua mensagem, conforme vimos na introdução deste livro. O Apocalipse é um livro também de relação, ou seja, rela-

21. O dragão acorrentado e o fim do mal

ciona acontecimentos do passado, do presente e, se houver futuro, "as coisas devem acontecer muito em breve" (1,1). Seria complicado e até "chato" e cansativo se fôssemos relacionar todas as passagens do Antigo e Novo Testamento que aparecem em um determinado texto do Apocalipse, mas colocamos somente as principais. Se você tomar somente esse capítulo 20, verá que ele tem uma estreita relação com Gênesis 3, Ezequiel 38, Daniel 7, Isaías 65, inúmeras passagens dos profetas sobre o julgamento de Deus ou o Dia de Javé (Am 5,18-20 etc.), inúmeros ensinamentos de Jesus (Mt 13,24-30.36-43; 25,31-46 etc.) e até Romanos 6,3-11, e muitos e muitos outros textos. Na verdade, o Apocalipse é um livro de relação, como se fosse uma rede, em que os fios são unidos e nesta relação formam a rede toda, ou como uma grande corrente, em que os elos se unem um a um e formam o todo. Algumas relações: fica claro aqui que, no capítulo 12, há uma luta entre o Dragão e a mulher em dores de parto, que dá à luz um Filho, e com o auxílio de Deus e da terra, vence o Dragão, bem como Miguel e seus Anjos; só o Filho do Homem, que é Jesus, traz a foice afiada, capaz de julgar e vencer todo o mal (14,14-20); na batalha entre o Cordeiro, que é Jesus, e o Dragão e seus seguidores, a vitória é do Cordeiro, que é o Senhor dos senhores e o Rei dos reis (17,14); é a vitória do Cavaleiro e seu exército contra a Besta e os reis (19,19-21). E só Jesus esteve morto, mas agora está vivo para sempre e tem as chaves da morte e da morada dos mortos (1,18).

No Apocalipse, fala-se muito de batalha, guerra, lutas e destruição. Alguns até pensam, de modo errôneo, que ele é um livro violento e sanguinário. Em algumas ocasiões, aparece a realidade da época em que viviam as comunidades cristãs, em que havia violência, guerra, sofrimentos, perseguições e morte, e o autor utiliza, algumas vezes, esse tipo de linguagem, mostrando que "quem com ferro fere com ferro será ferido". Na maioria das vezes, vemos grandes batalhas e guerras, destruição do mal, lutas e até a destruição definitiva do mal sem descrever o uso de armas, carros e cavalos de guerra, violência e derramamento de sangue. Pare para pensar:

> Aconteceu então uma batalha no céu: Miguel e seus Anjos guerrearam contra o Dragão. O Dragão batalhou juntamente com seus anjos, mas foi derrotado (12,7-8);
> Todos juntos farão guerra contra o Cordeiro. Mas o Cordeiro os vencerá, porque o Cordeiro é Senhor dos senhores e Rei dos reis (17,14).

Na batalha do Cavaleiro e seu exército contra a Besta e os reis da terra: "Tanto a Besta como o falso profeta foram jogados vivos no lago de fogo, que ardia com enxofre. Os outros foram mortos pela espada que saía da boca do Cavaleiro" (19,20-21).

Agora na batalha decisiva e final, é dito que um Anjo acorrenta o Dragão e quando ele volta desce um fogo do céu e eles foram devorados (cf. 20,1-10).

21. O dragão acorrentado e o fim do mal

Repare que, nesta e em algumas outras batalhas, não vão aparecer armas de guerra, violência e derramamento de sangue. E mesmo os que foram mortos pela espada, não é espada no sentido literal, como instrumento de morte, e sim a espada que saía da boca do Cavaleiro, que é a Palavra de Deus. Fogo no céu que devora os que praticam o mal é um instrumento de julgar que devora e acaba com o mal. Então, vamos aprender a ler o Apocalipse e entender que essas batalhas, entre o bem e o mal, são mais interiores do que exteriores. Na verdade, cada um de nós tem de fazer uma batalha interior, dentro de nós mesmos, para vencer o mal. **Dentro de cada um há o bem e o mal, ou seja, o Cordeiro e o Dragão,** cabe a nós decidir com liberdade praticar o bem ou o mal. A batalha é interior. Optamos para esclarecer isso aqui no final, pois se o fizéssemos lá no início, poderiam gerar sérias dúvidas nos leitores e leitoras que ainda não haviam feito toda a caminhada do Apocalipse. Em outras palavras: o bem vence o mal.

Também torna-se evidente nesse capítulo a questão do julgamento de tudo e de todos, em que o autor vê as vidas daqueles que foram decapitados por causa do Testemunho e da Palavra de Deus, daqueles que não possuíam a marca da Besta e dos outros mortos.

> Feliz e santo aquele que participa da primeira ressurreição! A segunda morte não tem poder sobre eles e eles serão sacerdotes de Deus e de Cristo, e com Cristo reina-

> rão durante mil anos. [...] Vi então os mortos, grandes e pequenos, em pé diante do trono. E foram abertos livros. Foi também aberto outro livro, o livro da vida. Então os mortos foram julgados de acordo com sua conduta, conforme o que estava escrito nos livros. [...] A morte e a morada dos mortos foram, então, jogadas no lago de fogo. O lago de fogo é a segunda morte. Quem não tinha o nome escrito no livro da vida foi também jogado no lago de fogo (20,6.12.14-15).

Outra coisa que deve ficar clara no Apocalipse é que Deus não julga ninguém a seu bel-prazer, ou de acordo com seu modo de pensar. Seu julgamento é justo, e o autor não cansa de esclarecer: os mortos foram julgados de acordo com sua conduta, conforme o que estava escrito nos livros.

Ora, se foi destruído o Dragão, que o autor chama também de a antiga Serpente, o Diabo ou Satanás, se foi destruído quem não tinha o nome escrito no livro da vida e se foi destruída *"a morte e a morada dos mortos"*, então a vida marca mais um gol e empata o jogo em 3 x 3. Mas nesse jogo não pode haver empate, tem de ter um vencedor: quem vencerá a vida e as forças do bem, ou a morte e as forças do mal? Todo e qualquer mal foi destruído pelo poder de Deus, do Cordeiro, que é Jesus, e de todos os seguidores e seguidoras de Jesus que derramaram seu sangue ou deram suas vidas em busca da justiça por meio da profecia e testemunhando sempre Jesus.

2. Tirando o véu

• *Mil anos:* já havia toda uma tradição apocalíptica de que o reinado do Messias sobre a terra seria de mil anos. Esses mil anos não podem ser tomados ao pé da letra e de modo literal como mil anos. Se tomarmos o salmo 89,4 (ou 90,4 em algumas bíblias), há: *"Mil anos são aos teus olhos como o dia de ontem, que passou, uma vigília dentro da noite". "Para o Senhor, um dia é como mil anos e mil anos são como um dia"* (2Pd 3,8). Para a apocalíptica, "o número mil representa o tempo que vai da morte-ressurreição de Jesus, passa pelo hoje de nossa caminhada e termina no amanhã. Mil anos, portanto, compreendem o passado, o presente e também o futuro da história".[53] Muitas pessoas interpretaram literalmente essa passagem, em que os seguidores e seguidoras de Jesus, que praticam o bem, serão "sacerdotes de Deus e de Cristo, e com Cristo reinarão durante mil anos" (20,6). Sacerdotes, no sentido de oferecer sacrifícios agradáveis a Deus que, nesse caso, é a própria vida; achavam que o mundo fosse acabar no ano 1000. Não acabou e, por isso, surgiu outra frase, que não é bíblica e não está no Apocalipse, obviamente: "De mil passará, mas em dois mil não chegará". 2000 chegou, e só cabe a Deus dominar o tempo e a história.

---

[53] BORTOLINI, José. *Como ler o Apocalipse.* São Paulo: Paulus, 1994. p. 164.

• *Lago de fogo/Abismo:* é um lugar, ou estado, que sugere castigo, destruição e morte. Alguns biblistas pensam que se refere a Geena (cf. Mt 5,29s; Mc 9,43-49; Lc 12,5). A Geena aparece na literatura rabínica "como um abismo de fogo, um local de punição para os perversos".[54] O Apocalipse diz que "lá eles serão atormentados noite e dia para sempre" (20,10). E que este "lago de fogo é a segunda morte" (20,14). Pode estar no sentido de um castigo eterno.

• *Primeira ressurreição:* o autor diz que é feliz e santo aquele que participa da primeira ressurreição (20,6). Muitos biblistas pensam que ela deve ser entendida de modo simbólico, como nosso batismo. São Paulo diz:

> Pelo batismo fomos sepultados com ele na morte, para que, assim como Cristo foi ressuscitado dos mortos por meio da glória do Pai, assim também nós possamos caminhar numa vida nova. [...] Assim também vocês considerem-se mortos para o pecado e vivos para Deus, em Jesus Cristo (Rm 6,4.11).

É na conversão que morremos para o mal e a injustiça (primeira morte) para viver uma vida nova em Cristo ressuscitado (primeira ressurreição).

• *Segunda morte:* morte definitiva e eterna, e em 20,14, o autor fala da morte da própria morte e coloca o lago de

---

[54] MACKENZIE, John L. *Dicionário Bíblico*. Tradução de Álvaro Cunha et al. 4 ed. São Paulo: Paulus, 1984. p. 377 (verbete Geena).

21. O dragão acorrentado e o fim do mal

fogo como segunda morte. Se você recordar lá na carta a Esmirna, em 2,11, diz que "O vencedor ficará livre da segunda morte". Em Cristo, há a ressurreição definitiva.

• *O céu e a terra fugiram de sua presença e não deixaram rastro:* refere-se à primeira criação e, diante da destruição de todo e qualquer mal, "as coisas antigas desapareceram!" (21,4). E Aquele que está sentado no trono declara: *"Eis que faço nova todas as coisas"* (21,5). Se eles fogem é porque virá "um novo céu e uma nova terra" (21,1).

3. Em pouquíssimas palavras

Deus, que é o bem, vence o Diabo e as forças do mal. O bem vence o mal. A vida vence a morte.

22. "VI, ENTÃO, UM NOVO CÉU E UMA NOVA TERRA"

Chegou o momento mais esperado por todos os que viviam na época do Apocalipse e por todos os seguidores e seguidoras de Jesus de todos os tempos e lugares: a realização de um sonho, um ideal e um projeto, em que se têm "um novo céu e uma nova terra", que ocupam Ap 21,1–22,5. O restante (22,6-21) é a conclusão ou considerações finais. Em relação ao novo céu e uma nova terra, o autor pode ter se inspirado em Isaías 65,17-25.

No capítulo 21, João descreve esse novo céu e essa nova terra, mostrando também a nova Jerusalém, a esposa do Cordeiro, e que já não existem nem o mar e nem mais nenhum Templo, pois o Templo dessa nova cidade é Deus e o Cordeiro, que é Jesus. Aqui é tirado todo e qualquer véu e Deus vem morar junto com seu povo.

No capítulo 22,1-5 é revelado o segredo e o sentido de toda a caminhada apocalíptica: depois de tantas lutas, batalhas, guerras, julgamentos, mistérios e enigmas, depois da destruição de todo e qualquer mal, finalmente o autor revela: O PARAÍSO TERRESTRE EXISTE. Como entender esse Paraíso?

1. Texto e contexto

Vi, então, um novo céu e uma nova terra. O primeiro céu e a primeira terra passaram, e o mar já não existe. Vi também descer do céu, de junto de Deus, a Cidade Santa, uma Jerusalém nova, pronta como esposa que se enfeitou para seu marido. Nisso, saiu do trono uma voz forte. E ouvi:
"Esta é a tenda de Deus com os homens. Ele vai morar com eles. Eles serão seu povo e Ele, o Deus-com-eles, será seu Deus. Ele vai enxugar toda lágrima dos olhos deles, pois nunca mais haverá morte, nem luto, nem grito, nem dor. Sim! As coisas antigas desapareceram!"
Aquele que está sentado no trono declarou: "Eis que faço novas todas as coisas". E me disse ainda:
"Elas se realizaram, Eu sou o Alfa e o Ômega, o Princípio e o Fim. Para quem tiver sede, eu darei da graça da fonte de água viva. O vencedor receberá esta herança: eu serei o Deus dele, e ele será meu filho" (21,1-7).
"Ele vai enxugar toda lágrima dos olhos deles, pois nunca mais haverá morte, nem luto, nem grito, nem dor. Sim! As coisas antigas desapareceram!" (21,4).

O povo de Israel estava vivenciando um clima de morte, luto, grito e dor durante o exílio da Babilônia (586-538 a.C.), mas é convidado para um grande banquete, em que só terá alegrias e Deus "[...] destruirá para sempre a morte. O Senhor enxugará as lágrimas de todas as faces, e eliminará da terra inteira a vergonha de seu povo" (Is 25,8). Enxugar as lágrimas aqui não é só no sentido de consolar, mas de tomar uma posição em favor de seu povo e o libertar da opressão e exploração. Agora vai muito mais além, a criação de uma nova humanidade.

Que projeto lindo: "um novo céu e uma nova terra". Nele nos é apresentado uma Jerusalém nova, pronta como esposa para seu marido e a tenda de Deus com os homens.

Comecemos pela Jerusalém nova como esposa do Cordeiro.

Primeiro nos diz o autor que ela desce do céu de junto de Deus e será a esposa do Cordeiro (21,2).

Já comentamos sobre o símbolo do casamento, em que Deus é o esposo e a humanidade, a esposa, em Oseias e Ezequiel. Se quiser, leia a explicação que fizemos nos capítulos 17 e 19. Isaías também utiliza muito essa imagem e a relaciona com Jerusalém:

> Por causa de Jerusalém não ficarei quieto, enquanto a justiça não surgir para ela como aurora e enquanto sua salvação não brilhar como lâmpada. [...] você será chamada Minha Delícia e sua terra terá por nome a Desposada, porque Deus vai amar você, e sua terra terá um esposo. Como o jovem se casa com uma jovem, seu criador casará

com você; como o esposo que se alegra com a esposa, seu Deus se alegrará com você (Is 62,1.4-5).

O casamento deve ser visto aqui como sinal de aliança, compromisso, cumplicidade, amor e intimidade. No Evangelho de João 2,1-11, Jesus é apresentado como o noivo e a humanidade, a noiva[55] e, em Jo 4,16ss, apresenta-se como o verdadeiro "marido".

"Venha! Vou lhe mostrar a esposa, a mulher do Cordeiro" (21,9). E esta é a Cidade Santa, a Nova Jerusalém, representando toda a humanidade. "E me levou em espírito até um grande e alto monte. E mostrou para mim..." (21,10). Penso que o autor poderia (ou não) fazer referência às tentações de Jesus no deserto (Mt 4,1-11). Repare que:

> O Espírito conduziu Jesus ao deserto, para ser tentado pelo diabo. [...] O diabo tornou a levar Jesus, agora para um monte muito alto. Mostrou-lhe todos os reinos do mundo e suas riquezas. E lhe disse: "Eu te darei tudo isso, se te ajoelhares diante de mim, para me adorar". Jesus disse-lhe: "Vá embora, Satanás, porque a Escritura diz: 'Você adorará ao Senhor seu Deus e somente a Ele servirá'" (Mt 4,1.8-10).

Claro que os reinos do mundo e suas riquezas são criados por Deus e a Ele pertence. Não são do diabo. Ocorre que

---

[55] Mais detalhes de Jesus como noivo e marido e a humanidade, a noiva e esposa, leia meu livro: ALBERTIN, Francisco. *Explicando o Evangelho de São João e cartas*. Aparecida: Santuário, 2012. p. 24-30.

22. "Vi, então, um novo céu e uma nova terra"

o diabo e as forças do mal tentam os homens e as mulheres para obterem riquezas, poder, domínio sobre seu semelhante, retendo os bens materiais e riquezas só para si ou a uma minoria. O diabo quer ser adorado, e Jesus diz que somente a Deus se deve adorar. É um perigo muito grande as pessoas "caírem em tentação" diante da riqueza e do poder. Tanto é verdade, não sei se você observou isso, que o próprio autor do Apocalipse "cai em tentação" por três vezes para adorar uma criatura e não o Criador: 17,6; 19,10; 22,8-9.

É linda a descrição da Nova Cidade para todos, além de haver uma praça de ouro puro e seus pilares feitos de pedras *preciosíssimas*. Mas esses bens são para todos. Se quiser, pegue sua Bíblia (Ap 21,11-21) e vamos juntos ver como essa "esposa", que vai além da mulher – pois é a cidade, a humanidade –, está assim descrita:

> "Ela tem a glória de Deus e seu esplendor é como de uma pedra preciosíssima. Possui uma grossa muralha, com doze portas, vigiadas por anjos e cada uma tem um nome escrito: as doze tribos de Israel. Contém três portas do lado do oriente, três ao norte, três ao sul e três do lado poente. A muralha tem também doze pilares sobre os quais estão escritos os nomes dos doze apóstolos do Cordeiro.
>
> A cidade é quadrada: o comprimento é igual à largura com doze mil estádios. O comprimento, largura e altura são iguais. A cidade é de ouro puro, tão puro que parece vidro transparente. Na sequência, é colocado que cada pilar tem um tipo de pedra preciosa e que as doze portas são doze pérolas, e a praça da cidade é de ouro puro.

> Estamos diante de números e mais números, de medidas e de vários tipos de pedras preciosas, ou melhor, preciosíssimas.
> Ao medir a cidade, o comprimento, a largura e a altura são iguais: 12.000 estádios!"
> Um estádio era 185 metros. Assim, o tamanho é de 185 x 12.000 = 2.220.000 metros, ou seja, 2.220 quilômetros no comprimento, na largura e na altura! Um cubo perfeito! Imenso! [...] Medidas estranhas para nosso gosto, mas para eles uma imagem da perfeição![56]

Essa Cidade Santa, a Nova Jerusalém, desce do Céu, de junto de Deus. É, segundo João, uma cidade perfeita e está aqui na terra, e é uma oposição ou contraste com Roma, Babilônia ou qualquer outra cidade terrestre, que são imperfeitas e não possuem as riquezas preciosas que essa possui. Neste capítulo, não colocaremos a seção *Tirando o véu*, pois as imagens e os sinais que aparecem já foram explicados em capítulos anteriores, como por exemplo a questão do número 3 e o 4, que multiplicados resultam 12. 3 portas ao leste, 3 portas ao oeste, 3 portas ao norte e 3 portas ao sul correspondem aos 4 pontos cardeais da terra e todo o universo. Então o 3 é a totalidade divina: Pai, Filho e Espírito Santo, ou os elementos da criação: Céu, Terra e Mar; enquanto o 4 é a totalidade humana, ou seja, os quatro

---

[56] MESTERS, Carlos; OROFINO, Francisco. *Apocalipse de São João*. A teimosia da fé dos pequenos. Petrópolis: Vozes, 2003. p. 349.

pontos cardeais da terra: Norte, Sul, Leste e Oeste. Multiplicando a totalidade divina (3) pela totalidade humana (4), ou seja, 3 x 4, temos como resultado o 12, que é um número perfeito, no sentido de universalidade de todos os povos, e se você somar 3 + 4, terá 7, o número da totalidade, perfeição e plenitude.

Quando diz: "As nações caminharão a sua luz, e os reis da terra trarão sua glória para ela. Suas portas nunca se fecharão de dia – pois aí jamais haverá noite" (21,24-25). Não é um mero detalhe dizer que suas portas jamais fecharão de dia, é um sinal de que suas portas estão sempre abertas, pois como o autor diz que não haverá *noite*, na verdade quer dizer que estas portas estão abertas a todos os povos, todos mesmo e até aos reis da terra que se converterem de verdade, pois nessa cidade "jamais entrará qualquer imundície, nem os que praticam abominação e mentira. Vão entrar somente aqueles que têm o nome escrito no livro da vida do Cordeiro" (21,27). Ao dizer que o *mar já não existe e que não haverá noite*, o autor revela que, nessa cidade, não existe nenhum mal (mar) e nem trevas (noite), ou qualquer outro pecado.

Passemos agora ao significado de *tenda*. Em hebraico, um dos significados de tenda é *mishkan* e seu sentido é "morada", mas também a presença de Deus no meio de seu povo. Em grego, temos *skené*, no sentido de habitação e no sentido de morar, viver e habitar entre nós.

"Esta é a tenda de Deus com os homens. Ele veio morar com eles. Eles serão seu povo e Ele, o Deus-com-eles, será seu Deus" (21,3). Já não se diz mais que Deus era, é e virá (4,8), mas que é Deus-com-eles, ou seja, ele já veio e está morando no meio dos homens. Tenda,[57] de modo resumido, poderia ser "uma morada provisória" em contraste com a casa. Todavia, no contexto bíblico do Êxodo, tenda lembra deserto, período de conversão, mudança de vida. Lembra a tenda da Aliança, do encontro, em que havia a presença de Deus (leia Êx 33,7-11). Os judeus celebravam a "festa das tendas" (Jo 7) para fazer memória do deserto e do período de conversão, em que Deus mora e caminha juntamente com seu povo; lembra segurança, carinho e proteção. Na transfiguração de Jesus, Pedro diz: "Senhor, é bom ficarmos aqui. Se queres, vou fazer aqui três tendas: uma para ti, outra para Moisés, e outra para Elias" (Mt 17,4). Em outros termos: Deus está morando com os homens aqui na terra.

Pode até parecer um mero detalhe, mas não é quando o autor afirma:

> "Não vi na Cidade nenhum Templo, pois seu Templo é o Senhor, o Deus Todo-poderoso, e o Cordeiro. A Cidade não precisa do sol nem da lua para ficar iluminada, pois a glória de Deus a ilumina e sua lâmpada é o Cordeiro" (21,22-23).

---

[57] Já comentamos com mais detalhes, no capítulo 7 deste livro, o significado da Tenda.

22. "Vi, então, um novo céu e uma nova terra"

Era inconcebível para qualquer judeu imaginar Jerusalém sem um Templo que eles concebiam como o lugar sagrado da presença de Deus. Jesus entra no Templo e expulsa os que lá vendiam e compravam, e diz: "Está nas Escrituras: 'Minha casa será chamada casa de oração'. No entanto, vocês fizeram dela uma toca de ladrões" (Mt 21,13). "Não transformem a casa de meu Pai num mercado" (Jo 2,16). Quando é questionado pelos dirigentes dos judeus que sinal mostrava para agir assim em relação ao Templo, diz: "'Destruam esse Templo, e em três dias eu o levantarei'". [...] Mas o Templo de que Jesus falava era seu corpo" (Jo 2,19.21).

Os primeiros cristãos reuniam-se nas casas e lá faziam a Santa Ceia, a Fração do Pão ou a Eucaristia (missa). Deixaram de lado o Templo e, em seu lugar, ficou a casa. Agora, na cidade, não havia nenhum Templo, pois seu Templo é o Senhor Deus e Cordeiro, que é Jesus. Em poucas palavras: na Nova Jerusalém, não é preciso mais reis, ou qualquer outro intermediário político, pois a riqueza é para todos. Ninguém mais precisa governar, pois é a glória de Deus e do Cordeiro que ilumina a cidade. E não é preciso também sacerdotes, ou qualquer outro intermediário de Deus e o povo, pois Deus já está morando com seu povo, é *"Deus-com-eles"*.

Mas se temos um novo céu e uma nova terra, se o mar já não existe, se as coisas antigas desapareceram e se Deus faz novas todas as coisas, o que dizer da criação e do Paraíso "antigo"? Também passaram? Sim, passaram. E agora entra algo maravilhoso, um projeto belíssimo e o sonho de toda a humanidade: O PARAÍSO TERRESTRE EXISTE. Veja:

> O Anjo mostrou para mim um rio de água viva; era brilhante como cristal; o rio brotava do trono de Deus e do Cordeiro. No meio da praça, de cada lado do rio, estão plantadas árvores da vida; elas dão fruto doze vezes por ano; todo mês elas frutificam, suas folhas servem para curar as nações.
> Nunca mais haverá maldições. Nela estará sempre o trono de Deus e do Cordeiro, e seus servos lhe prestarão culto. Verão sua face, e seu nome estará sobre suas frontes. Não haverá mais noite: ninguém mais vai precisar da luz da lâmpada, nem da luz do sol. Porque o Senhor Deus vai brilhar sobre eles, e eles reinarão para sempre (22,1-5).

Vamos voltar ao antigo Paraíso e, para isso, vamos juntos até Gênesis 2,8-17 e o capítulo 3. Lá havia a árvore da vida no meio do jardim e também a árvore do conhecimento do bem e do mal. Havia também um rio, que saía de Éden para regar o jardim, e de lá se dividia em quatro braços.

> E Deus ordenou ao homem: "Você pode comer de todas as árvores do jardim. Mas não pode comer da árvore do conhecimento do bem e do mal, porque no dia em que dela comer, com certeza você morrerá" (Gn 2,16-17).

Tentada, pela serpente, a mulher e o homem comem do "fruto proibido" (Gn 3,6) e aí acontecem algumas mal-

22. "Vi, então, um novo céu e uma nova terra"

dições (Gn 3,14-24), sendo que a dor, a morte, o luto, as lágrimas e os sofrimentos entram no mundo. Compare agora com que o autor diz: "Ele vai enxugar toda lágrima dos olhos deles, pois nunca mais haverá morte, nem luto, nem grito, nem dor. Sim! As coisas antigas desapareceram!" (21,4). Agora observe o que é dito: "Nunca mais haverá maldições..." (22,3). Mais do que isso: "Eis que faço novas todas as coisas" (21,5); e "Vi, então, um novo céu e uma nova terra. O primeiro céu e a primeira terra passaram, e o mar já não existe" (21,1).

Esses versículos, ou melhor, 21,1–22,5 são desafiadores. Não se trata aqui de reformar, consertar ou modificar o Paraíso antigo e toda a criação antiga. Mesmo não podendo interpretar o Apocalipse de modo literal, o autor não deixa dúvida de que todo e qualquer mal foi destruído, bem como todos os que não tinham o nome escrito no livro da vida (cf. 20). Agora o projeto é outro: um novo céu e uma nova terra, visto que o primeiro céu e a primeira terra, o mar, o antigo paraíso e todas as coisas antigas desapareceram. É UM NOVO PROJETO DE VIDA, UM NOVO PARAÍSO. E nos acréscimos do jogo entre a Vida e a Morte, acontece o último gol, marcado pela Vida. O placar final: Vida 4 x 3 Morte, 7 gols. A vida vence a morte, o bem vence o mal.

Só quem se deixa transformar pelo "NOVO" poderá fazer parte e desfrutar do Novo Paraíso, onde há um rio de água viva que brota do trono de Deus e do Cordeiro. Agora há árvores da vida que dão frutos doze vezes ao ano e suas folhas curam as nações, uma harmonia plena entre o homem, a mulher e a natureza, ecologia perfeita. Todos, repito, todos têm acesso à árvore da vida, ou seja, acesso à vida que vence a morte. Jesus ressuscitou e sua vitória é nossa vitória. Deus se fez homem, um de nós, morreu e ressuscitou, agora a morte já não existe. HÁ A RESSURREIÇÃO E A VIDA.

No capítulo 14, afirmamos que, a nosso ver, o Cântico Novo, que ninguém podia aprender – só os marcados que seguem o Cordeiro, que são virgens –, é o Cântico do Novo Céu e da Nova Terra, das coisas Novas e, principalmente, do Novo Paraíso, onde os marcados, que são seus servos, prestam culto a Deus:

> "Verão sua face, e seu nome estará sobre suas frontes. Não haverá mais noite: ninguém mais vai precisar da luz da lâmpada, nem da luz do sol. Porque o Senhor Deus vai brilhar sobre eles, e eles reinarão para sempre" (22,5).

O Cântico Novo não é um cântico de letra e música, mas aquele que se canta, com a própria vida, as maravilhas do Senhor. Tanto os habitantes do novo céu, quanto os habitantes da nova terra, cantam juntos, pois Deus reina em seus corações e em suas vidas. O mais belo Cântico Novo é quando se canta, com o modo de ser e agir, o amor, a justiça, a partilha, a solidariedade, a amizade, a profecia e a paz. E aí, vamos cantar juntos esse cântico?

22. "Vi, então, um novo céu e uma nova terra"

Na verdade, o PARAÍSO NOVO, ou o Paraíso terrestre, para existir e ser a mais pura realidade, depende de você, de mim, de nós, de todos. Tanto naquela época, como hoje, há os que praticam o bem e os que praticam o mal, e até nós, algumas vezes, mesmo almejando o bem, praticamos, às vezes, o mal. Por isso, o Paraíso é uma semente que continua germinando e produzindo frutos na humanidade e no mundo onde vivemos. Ele não é um lugar geográfico, é um projeto de vida em plenitude que acontece não só no céu, ou no futuro, ou em um outro mundo. O Apocalipse mostra que ele acontece agora, em nosso mundo e aqui na terra. Ainda falta muito, mas estamos a caminho...

23. CONCLUSÃO E CONSIDERAÇÕES FINAIS

Comentamos, na introdução deste livro, a divisão do Apocalipse e vimos que ele possui dois grandes blocos: 4–11 e 12–22,5. O livro do Apocalipse foi escrito ao longo de vários anos, nele são relatados a realidade vivenciada pelas comunidades cristãs, sua fé, sua profecia, sua resistência, suas fraquezas, suas tentações e a grande luta entre o Dragão, o Império Romano, e todas as forças do mal contra o Cordeiro, que é Jesus e a força do bem. Vimos, ao longo da explicação do primeiro bloco (4–11), que se falam muito sobre a questão do Êxodo, da libertação da escravidão para a liberdade e um novo modo de viver; e no segundo bloco (12–22,5), a questão do julgamento de Deus que é justo e de acordo com as obras de cada um, mas não só isso, a destruição de todo e qualquer mal e, principalmente, a criação de um novo céu e uma nova terra.

Afirmamos que o livro do Apocalipse termina em 22,5. Isso quer dizer que a partir de 22,6-21, são as considerações finais aos leitores, avisos importantes, e alguns até dizem ser a conclusão provisória do livro. Na verdade, o Apocalipse pode até ter seus escritos terminados, enquanto redação, mas não termina enquanto ideal e projeto de vida para os cristãos e pessoas de boa vontade daquele tempo, de nosso tempo e de tempos futuros, e assim também acontece com os outros livros da Bíblia. A Palavra de Deus deve ser vida em nossas vidas. É sempre atual.

Possivelmente, alguém da comunidade, um discípulo de João, sentiu a necessidade de escrever as considerações finais e de alertar às comunidades seguidoras de Jesus para cumprir as palavras de profecia, de exortação, de conversão e testemunho das boas obras de Jesus.

> Então o Anjo me disse: "Estas palavras são fiéis e verdadeiras, pois o Senhor, o Deus que inspira os profetas, enviou seu Anjo para mostrar aos seus servos o que deve acontecer muito em breve. Eis que eu venho em breve. Feliz aquele que observa as palavras da profecia deste livro". Eu, João, fui ouvinte e testemunha ocular dessas coisas.
>
> [...] O Anjo falou ainda: "Não guarde em segredo as palavras deste livro, pois o tempo está próximo. [...] Eis que venho em breve, e comigo trago o salário para retribuir a cada um conforme seu trabalho. Eu sou o Alfa e o Ômega, o Primeiro e o Último, o Princípio e o Fim. Felizes aqueles que lavam suas roupas para terem poder sobre a árvore da vida, e para entrarem na Cidade pelas portas (22,6-8.10.12-14).

Observe que o autor repete várias passagens ao longo do livro do Apocalipse. Repetir é importante para reforçar e guardar, estar atento à importância da mensagem do livro e, ao mesmo tempo, exortar para que as comunidades permaneçam firmes aos ensinamentos do Cordeiro e testemunhem sua fé por meio das boas obras.

O autor declara que o livro está escrito e pede à comunidade para não retirar e nem acrescentar nada a ele. Faz uma advertência muito séria:

> Se alguém acrescentar qualquer coisa a este livro, Deus vai acrescentar a essa pessoa as pragas que aqui estão descritas. E se alguém tirar alguma coisa das palavras do livro desta profecia, Deus vai retirar dessa pessoa sua parte na árvore da Vida e na Cidade Santa, que estão descritas neste livro (22,18-19).

Finalizando, o livro diz:

> "O Espírito e a Esposa dizem: 'Vem!' Aquele que escuta isso, também diga: 'Vem!' [...] Aquele que atesta essas coisas diz: 'Sim! Venho muito em breve'. Amém! Vem, Senhor Jesus!" (22,17.20).

Se você ler a parábola das dez virgens que saem ao encontro do noivo (Mt 25,1-13), verá que somente as que estavam vigiando, as prudentes, vêm ao encontro do noivo quando ele chega: "o noivo chegou, e as que estavam preparadas entraram com ele para a festa de casamento" (Mt 25,10).

O *Espírito*, em grego, é *pneuma*, e, em hebraico, *ruah*, que significa "sopro", "vento", "alento". É a força e o princípio de vida de tudo o que existe. No Evangelho de João, o Espírito[58] une a nova criação, a nova aliança-Páscoa e tem tudo a ver com o amor leal de Jesus e com a nova criação, a ressurreição e a nova vida em seu amor.

A *Esposa* é a mulher do Cordeiro, que é Jesus, ou seja, a humanidade, as comunidades, todos nós que escutamos a Palavra de Deus para dizer: "Vem!". E que bonita a resposta de Jesus: "Sim! Venho muito em breve". E as comunidades cristãs daquela época, de hoje e dos tempos futuros, numa expressão de amor, carinho, ternura, intimidade, lembrando o casamento entre o esposo e a esposa, utilizaram, utilizam e utilizarão uma expressão litúrgica, *Marana thá:* "Nosso Senhor, vem!", ou *Maran athá*: "O Senhor vem". O grego traduz como: "Vem, Senhor Jesus!". Essa mesma expressão é utilizada em Paulo, em sua primeira carta aos Coríntios 16,22. Não podemos esquecer que, nessa época, o grande questionamento era saber quem era o Senhor. O Senhor era o Imperador ou o Senhor era Jesus? Daí a profissão de fé ou o credo dos primeiros cristãos ser: "Jesus Cristo é o Se-

---

[58] Se você desejar saber mais sobre o *Espírito*, nesse evangelista, leia meu livro: ALBERTIN, Francisco. *Explicando o Evangelho de São João e cartas*. Aparecida: Santuário, 2012.

nhor" – leia Filipenses 2,11. O autor do Apocalipse já havia dito: "o Cordeiro é Senhor dos senhores e Rei dos reis" (17,14; 19,16). A seguir, finaliza com uma saudação final comum na época:

"A graça do Senhor Jesus esteja com todos. Amém!" (22,21).

Nos lábios, nas mãos, nos corações das primeiras comunidades cristãs, hoje e sempre, o sonho do Apocalipse vai transformando-se em uma linda realidade. Embora ainda haja um longo caminho a percorrer, podemos, com nosso modo de agir e viver, lançar as sementes no mundo para continuar construindo "um Novo Céu e uma Nova Terra".

"Vem, Senhor Jesus!"

REFERÊNCIAS BIBLIOGRÁFICAS

ALBERTIN, Francisco. *Explicando as cartas de São Paulo*. 4 ed. Aparecida: Santuário, 2010.

_____. *Explicando o Antigo Testamento*. 5 ed. Aparecida: Santuário, 2011.

_____. *Explicando o Evangelho de São João e cartas*. Aparecida: Santuário, 2012.

_____. *Explicando o Novo Testamento*. Os Evangelhos de Marcos, Mateus, Lucas e Atos dos Apóstolos. 3 ed. Aparecida: Santuário, 2011.

ARENS, Eduardo; MATEOS, Manuel Díaz. *O Apocalipse:* a força da esperança. Tradução de Mário Gonçalves. São Paulo: Loyola, 2004.

BÍBLIA EDIÇÃO PASTORAL. 74 ed. São Paulo: Paulinas, 1993.

BORTOLINI, José. *Como ler o Apocalipse*. São Paulo: Paulus, 1994.

CARTER, Warren. *O Evangelho de São Mateus:* comentário sociopolítico e religioso a partir das margens. Tradução de Walter Lisboa. São Paulo: Paulus, 2002.

CEBI. *Evangelho de João e Apocalipse*. Roteiros para reflexão IX. 3 ed. São Leopoldo/RS e São Paulo: CEBI e Paulus, 2004.

FERREIRA, Joel A.; ALBERTIN, Francisco; TEZZA, Maristela. *Fragmentos de Cultura. O Messias de Quelle, Marcos e Mateus*. Goiânia, vol. 16, n. 5/6, p. 447-463, mai./jun. 2006.

HOWARD-BROOK, Wes; GWYTHER, Anthony. *Desmascarando o imperialismo. Interpretação do Apocalipse ontem e hoje*. Tradução de Bárbara Theoto Lambert, São Paulo: Loyola e Paulus, 2003.

LOHSE, Eduard. *Contexto e Ambiente do Novo Testamento*. Tradução de Hans Jörg Witter. São Paulo: Paulinas, 2000.

MACKENZIE, John L. *Dicionário Bíblico*. Tradução de Álvaro Cunha et al. 4 ed. São Paulo: Paulus, 1984.

MATEOS, Juan; CAMACHO; Fernando. *Evangelho, figuras & símbolos*. São Paulo: Paulinas, 1992.

MESTERS, Carlos; OROFINO, Francisco. *Apocalipse de São João*. A teimosia da fé dos pequenos. Petrópolis: Vozes, 2003.

MICHAELIS. *Dicionário escolar da Língua Portuguesa*. São Paulo: Melhoramentos, 2002.

ÍNDICE

Introdução 5
  1. O autor do Apocalipse 7
  2. A literatura apocalíptica e o gênero apocalíptico 9
  3. Pisando no chão do Apocalipse:
     o Império Romano 17
  4. Como tirar o véu e entender o apocalipse? 22
  5. Divisão do livro do Apocalipse 28
  6. O Apocalipse não é 30
  7. O Apocalipse é 31

1. Abrindo o Apocalipse 33

2. A visão das visões 37
  1. Texto e contexto 38
  2. Tirando o véu 41
  3. Em poucas palavras 43

3. As sete cartas (2,1–3,22) 45
    1. Éfeso (2,1-7) 49
    2. Esmirna (2,8-11) 52
    3. Pérgamo (2,12-17) 54
    4. Tiatira (2,18-28) 56
    5. Sardes (3,1-6) 59
    6. Filadélfia (3,7-13) 61
    7. Laodiceia (3,14-22) 63

4. A visão do trono (4–5) 69
    1. Texto e contexto 71
    2. Tirando o véu 73
    3. Em poucas palavras 77

5. O Cordeiro e o livro 79
    1. Texto e contexto 79
    2. Tirando o véu 82
    3. Em poucas palavras 86

6. Os sete selos 89
    1. Texto e contexto 90
    2. Tirando o véu 92
        2.1. Tirando o véu do sexto selo 96
    3. Em poucas palavras 100

7. Os 144 mil marcados 101
    1. Texto e contexto 101

2. Tirando o véu..105
3. Em poucas palavras...108

8. Mistérios que envolvem o sétimo selo....................109
1. Texto e contexto..109
2. Tirando o véu..112
3. Em poucas palavras...113

9. Os gafanhotos e os cavaleiros................................115
1. Texto e contexto..116
2. Tirando o véu..118
3. Em poucas palavras...120

10. O livrinho doce e amargo.....................................121
1. Texto e contexto..122
2. Tirando o véu..125
3. Em poucas palavras...126

11. As duas testemunhas..129
1. Texto e contexto..130
2. Tirando o véu..131
3. Em poucas palavras...132

12. O sétimo anjo tocou a trombeta...........................135
1. Texto e contexto..136

13. Uma grande batalha no céu:
   a Mulher e o Dragão 141
   1. Texto e contexto 142
   2. Tirando o véu 149
   3. Em poucas palavras 152

14. E o número da besta é 666 153
   1. Texto e contexto 154
   2. Tirando o véu 160
   3. Em poucas palavras 166

15. O Cordeiro e os virgens 169
   1. Texto e contexto 171
   2. Tirando o véu 176
   3. Em poucas palavras 180

16. Outro sinal do céu: os sete anjos 183
   1. Texto e contexto 184
   2. Tirando o véu 185
   3. Em poucas palavras 186

17. As sete taças 189
   1. Texto e contexto 190
   2. Tirando o véu 191
   3. Em poucas palavras 192

18. "Vendo a mulher, fiquei profundamente admirado" 195
1. Texto e contexto 197
2. Tirando o véu 198
3. Em poucas palavras 202

19. A destruição da grande cidade 203
1. Texto e contexto 204
2. Em poucas palavras 207

20. Um canto de vitória 209
1. Texto e contexto 209
2. Tirando o véu 216
3. Em poucas palavras 217

21. O dragão acorrentado e o fim do mal 219
1. Texto e contexto 220
2. Tirando o véu 225
3. Em pouquíssimas palavras 227

22. "Vi, então, um novo céu e uma nova terra" 229
1. Texto e contexto 230

23. Conclusão e considerações finais 243

Referências bibliográficas 249

A marca FSC® é a garantia de que a madeira utilizada na fabricação do papel deste livro provém de florestas que foram gerenciadas de maneira ambientalmente correta, socialmente justa e economicamente viável.

Este livro foi composto com as famílias tipográficas Times e Times New Roman
e impresso em papel Offset 75g/m² pela **Gráfica Santuário.**